2권

소그룹을 위한 신앙강좌

- 역사와 교리편 -

소그룹을 위한 신앙강좌 2권

– 역사와교리편 –

1판 1쇄 발행 2024년 2월 25일

지은이 전승문

발행인 장진우
디자인 윤석운
펴낸곳 호산나(주)
주소 경기도 안양시 벌말로 123, A909호
전화 1644-9154
홈페이지 www.hosanna.net
인쇄 창영프로세스

가격 12,000원
ISBN 979-11-89851-54-5

• 호산나출판사는 "네 형제를 굳게 하라(Strengthen your brothers)"는 주님의 말씀을 사명으로 알고, 좋은 도서를 출판하여 성도들에게 유익을 드리는 것을 늘 꿈꾸고 있습니다.
• 호산나출판사는 한몸 사역의 일환으로 진행되고 있습니다.

2권

소그룹을 위한 신앙강좌

역사와 교리편

전승문 목사

HOSANNA

시작하는 말

세상이 참 복잡하고 어지럽게 되었습니다.
배워야 할 것도 많고, 알아야 할 것도 많고, 주장하는 것도 많습니다.
너무너무 많습니다.

이른바 정보의 홍수, 말 그대로 지식이 넘쳐나는 시대입니다.

그러나 아무리 정보가 넘쳐난다고 해도
우리를 살리는 정보, 우리를 살리는 지식은 찾아보기 힘듭니다.
마치 홍수가 나서 천지가 다 물이지만, 정작 마실 물은 없는 것과 같습니다.

이런 시기에도 변하지 않는 것은 오직 성경입니다.
우리 신앙생활의 질서와 표준은 오직 하나님의 말씀에 있습니다.

그래서 말씀을 가까이 하는데 작은 도움이 되고자 이 책을 쓰게 되었습니다.
아직까지 모르는 것이 많은 목사인지라
부족한 것이 사실이지만
그래도 이 시대의 목회자요, 한 교회의 담임목사로서
성도들을 위해 이 책을 냅니다.

모쪼록 이 책이
온전한 신앙생활을 하고자 하는 성도들에게 도움이 되기를 기도합니다.

전승문 목사

목차

01

성서의 역사

제1강 - 창조이야기 1

제2강 - 창조이야기 2

제3강 - 족장이야기

제4강 - 이집트와 이스라엘

제5강 - 출애굽

제6강 - 광야의 생활

제7강 - 약속의 땅

제8강 - 사사의 시대

제9강 - 이스라엘의 왕정시대

제10강 - 다윗왕의 시대

제11강 - 다윗의 실수와 그 결과

제12강 - 솔로몬의 시대

제13강 - 북왕국 이스라엘의 역사

제14강 - 남왕국 유다의 역사

제15강 - 바벨론 포로기

제16강 - 포로귀환과 대각성

제17강 - 신구약 중간사

제18강 - 예수님의 시대

제19강 - 이스라엘의 멸망

제20강 - 성경의 수집과 편찬

성서와 역사 | 제1강

창조 이야기 I

1. 구전으로 전해진 말씀

성서가 최초로 기록된 것은 아무리 멀리 잡아도, 모세의 시대 이상으로는 올라갈 수 없다. 그렇기 때문에, 성경 제일 앞의 다섯 권(창세기~신명기)을 모세가 쓴 것으로 생각하여 모세오경(Tora)이라고 부르는 것이다. 그렇다면, 모세 이전의 이야기들은 누가 어떻게 기록한 것일까? 그것은 히브리 조상들에 의해서 입에서 입으로 구전된 것이 분명하다. 따라서 모세 이전의 이야기들은 선사시대(先史時代)의 것으로, 구전된 이야기라 하여 구전설화(口專說話)라고 부른다. 그런데, 문제는 조상들에 의해 구전되는 이야기들이 한 가지만이 아니었다는 것이다. 그래서 성서는 당시 구전되던 이야기들을 가급적 모두 싣기 위하여 노력하였다.

2. 무(無)에서의 창조와 에덴동산 그리고 가인과 아벨

고대 히브리인들은 세상을 세 가지로 나누었다(하늘, 땅, 지하). 그리고 우주의 중심을 땅으로 생각했으며 땅 위에는 궁창과 하늘이 있고, 땅 밑에는 지하세계와 물이 있다고 생각했다. 또한 땅의 중심은 가나안이며, 땅은 거대한 한 덩어리로 되어 있고 바다로 둘러싸여 있다고 생각했다. 그리고 땅은 기둥이나 다른 기초에 의해 받쳐져 있다고 생각했다. 창세기에서 말하는 창조는 이러한 배경에서 이해되어야 한다.

1) 무에서의 창조(Creatio ex nihilo)

하나님은 무(無 nihilo)에서 세상을 창조하셨다. – 이것이 중요한 까닭은 그리스의 철학자들은 이 세상의 근본이 어떤 물질, 예컨대 물이나 불이나 혹은 몇 가지 원소들에서 비롯되었을 것이라고 생각하였기 때문이다. 또 동양에서도 목화토금수(木火土金水)의 다섯 가지 원소를 세상의 근본으로 생각하여 오행사상(五行思想)을 주장한다. 그러나 기독교는 분명하게 무에서의 창조를 말한다. 여기서 무(無)라고 하는 것은, 시간(時間)과 공간(空間)을 비롯한 모든 것이 없음을 말하는 것이다.

① 첫째 날 – 빛의 창조로 빛과 어둠을 나누심 (시간과 공간의 출현)

⇒ 여기서 첫째 날이라고 하는 것은 오늘날의 하루를 말하는 것이 아니다.

오늘날의 하루는 지구가 태양을 도는 시간을 말하지만 아직 태양이 만들어지기 전이었기 때문이다.

하나님의 시간과 인간의 시간은 다른 것이다. 인간의 시간은 크로노스(Xronos)로 일정하게 흐르는 시간이다.

하나님의 시간을 그리스어로 카이로스(Kairos)라고 하는데, 시간 바깥에서 크로노스로 침투하시는 시간이다.

② 둘째 날 – 하늘과 바다의 창조 (물과 물을 나누심)

⇒ 성경은 과학이 아니다. 과학보다 훨씬 오래되고 확실한 진리의 말씀이 성경이다.

따라서 과학으로 성경을 판단하는 것은 옳지 않다. 성경을 이해하려면 과학이 아니라 진리를 알아야 한다.

고대의 세계관에서 세상의 중심은 땅이며, 그 땅을 불안하고 알 수 없는 바다가 둘러싸고 있다.

성경에서 큰 물 곧 바다는 불안하고 두렵고 어두운 세상을 상징하는 것이다.

③ 셋째 날 – 바다와 육지를 나누시고 식물을 창조하심

④ 넷째 날 – 태양과 달과 별을 만드심 (인간의 시간이 생겨남)

인간의 하루는 하나님의 넷째 날 이후에 생겨난 것이다.

따라서 창조의 하루를 오늘날의 하루로 생각해서는 안 된다.

⑤ 다섯째 날 – 새와 물고기의 창조.

⑥ 여섯째 날 – 땅의 동물을 창조하시고 마지막으로, 하나님의 형상(Imago Dei)을 따라 남자와 여자를 만드셨다.

하나님은 사람 곧 남자와 여자에게 땅과 하늘과 바다의 모든 생물을 다스리게 하셨다.

⇒ 창세기 2장의 에덴동산 이야기에서는 먼저 남자가 창조되고 그 갈비뼈로 여자가 창조되지만 1장에서는 남자와 여자가 동시에 창조하셨다고 되어있다.

⑦ 일곱째 날 – 안식일의 제정. (그런데, 마지막에 저녁이 되며 아침이 된다는 말이 없다 : 영원한 안식)

2) 에덴동산

창세기 2장 4절부터 3장까지는, 새로운 창조의 이야기가 시작된다.

그러나 이 말씀이 1장과 다른 이야기는 아니고, 다른 구전을 통해 보다 세밀한 말씀이 전해진 것이다.

이것이 천지가 창조될 때에 하늘과 땅의 내력이니, 여호와 하나님이 땅과 하늘을 만드시던 날에...(창 2:4)라고 말씀하는, 새로운 창조의 이야기는 먼저 남자를 만드시고, 그 남자가 살아갈 에덴동산을 동방에 만드신 후에, 많은 과실수를 만드시는 것으로 시작된다. 이어서 생명나무와 선악과를 만드시고, 강을 만드신다.

그리고, 선악과에 대한 금지 명령이 하달되고, 아담의 갈비뼈로 여자를 만드신다.

⇒ 어거스틴 : 하나님께서 하와를 아담의 머리뼈나 다리뼈로 만들지 않고, 가슴에 있는 갈비뼈로 만드신 것은 여자가 남자보다 우월하거나 열등한 존재가 아닌 '동등한' 존재가 되게 하려는 의도이시다.

한완상 : 아담은 하와를 보고 '이는 내 뼈 중의 뼈요 살 중의 살이라'고 하였다.

뼈가 먼저 등장하는 것은 부부는 고통에 대한 분담이 우선이요, 살의 쾌락은 그 다음이라는 뜻이다.

이어지는 창세기 3장은 인간의 범죄에 대한 원인과 결과를 기술하고 있다.

뱀의 유혹과 인간의 범죄, 그리고 그 결과로 인한 죽음과 저주가 열거된다.

⇒ 이 말씀의 가장 중요한 점은 '죄'라고 하는 것이 인간에게 들어온 이유를 말씀하는 것이다.

죄는 선악과를 범함으로 시작되었는데, 선악과는 선과 악을 알게 하는 나무의 열매였다.

그 열매를 범했다는 것은, 선과 악을 스스로 판단하기 시작했다는 뜻이다. 하나님이 선하다고 명하신 것을 선한 줄 알고, 하나님이 악하고 하신 것을 악한 줄 알아야 하는데, 스스로 선과 악을 판단하게 되었다는 것이다.

이것이 바로 뱀의 유혹이었다. 선악과를 범하면 눈이 밝아져서 하나님과 같이 선악을 알게 된다는 것이다. 죄의 근원이 바로 여기에 있다. 그래서 이 죄를 원죄(原罪 original sin)라고 한다. 하나님과 같이 되려는 마음 곧 교만의 마음이 모든 죄의 근원인 거다. 천사가 마귀가 된 이유도 바로 이것이었다.

⇒ 죄의 삯은 사망이요, 또한 사망까지의 과정은 고된 노역과 삶의 괴로움으로,

이것은 탄생에서부터 비롯되어, 생로병사(生老病死)의 전 과정에 막대한 영향을 미치게 된다.

⇒ 또한 인간의 범죄는 인간뿐만 아니라 땅의 저주 곧 세상의 저주로 이어져서, 땅은 인간에게 이로움만이 아니라 괴로움도 가져다주는 존재가 되고 말았다. 성경은 최후의 날에 하나님께서 '새 하늘과 새 땅' 곧 저주받지 아니한 새로운 세상을 열어주실 것임을 약속하고 있다.

3) 가인과 아벨

창세기 4장은 최초의 살인에 대한 언급으로 가인과 아벨 형제 이야기를 전하고 있다. 가인은 하나님께서 자신의 제사는 받지 아니하시고 아벨의 제사만 받으심에 대하여 분노하여 아벨을 살해하고 그 벌로 방랑자가 되어 떠도는 신세가 되고 만다. 인생은 하나님이 주신 기회인데 아벨은 그 기회를 잘 살려서 하나님께로 돌아가는 의인이 되었지만, 가인은 세상을 떠돌다 멸망하는 어리석은 존재가 되었음을

말씀하는 거다. 둘 다 아담의 자녀들이며 하나님이 창조하신 존재지만 아벨은 천국으로 가인은 지옥으로 나뉘게 된 것이다. 이것이 인생이다.

3. 생각해 볼 문제

1) 창세기 1장과 2장은 서로 다른 이야기인가?

– 창세기 1장의 인간 창조에 대한 구체적인 해석으로 2장을 보는 것이 바람직하다.

2) 하나님은 왜 선악과를 만드셨을까? 선악과가 없었다면, 에덴동산에서 쫓겨날 이유도 없지 않았을까?

– 선악과는 하나님의 말씀을 상징적으로 표현하는 것이다. 하나님이 선한 것이라고 결정하시고 반대로 악한 것이라고 결정하시는 것, 그것이 바로 말씀이기 때문이다. 선악과를 범했다는 것은 말씀을 거역했다는 뜻이다. 그것이 바로 죄다. 하나님의 말씀을 거역하는 것이다. 선악과 이야기는 죄에 대한 말씀인 거다.

3) 가인이 결혼한 여인은 누구일까? 언제 누구를 통해 태어난 여인일까?

– 아담과 하와의 자녀는 가인과 아벨이 전부가 아닐 것이다. 가인과 아벨 그리고 셋은 아담과 하와가 낳은 대표적인 자식의 이름이다. 세상에는 성경에 기록되지 않은 수많은 자녀들이 있었을 것이다. 또한 아담과 하와의 수명은 지금 인류의 수명과는 비교할 수 없이 길었다.

성서와 역사 | 제2강

창조 이야기 II

1. 죄

성경은 모든 사람은 날 때부터 다 죄인임을 천명(闡明)한다. 죄는 크게 나눠, 원죄(原罪)와 자범죄(自犯罪)로 나눌 수 있다. 원죄는 모든 인간이 기본적으로 가지고 태어난 죄, 곧 아담의 범죄 이후에 유전되는 죄이다. 그리고 자범죄는 살면서 짓게 되는 모든 범죄를 이르는 말이다.

인간이 최초로 죄에 대하여 눈을 뜨게 된 것은 선악과를 범한 이후의 일이다. 뱀 곧 사탄의 말대로 눈이 밝아지기는 하였는데, 그 눈이 선에 대하여 밝아진 것이 아니라 악에 대하여 밝아진 것이다. 그래서 자의적으로 선과 악을 나누어 하나님이 선하다고 하시는 것도 악하게 생각하고, 하나님은 악하다고 하시는 것을 선하다고 생각하게 된 것이다. 그것이 바로 원죄다. 모든 사람이 다 가지고 있는 근본적인 죄다.

죄는 두 가지 요소를 가지고 있는데 탐욕과 반역이라는 것이다.

인간의 탐욕은 필연적으로 하나님께 대한 반역으로 나타나게 되는데 그것이 바로 죄의 결과인 것이다.

2. 대홍수와 노아, 그리고 바벨탑과 분열

1) 대홍수와 노아

창세기 6장에 하나님의 아들들이 사람의 딸들을 아내로 맞아들임으로 악이 번창하게 되었다는 기사가 등장한다. 이것은 아들과 딸에 대한 문제가 아니라, 빛의 자녀들과 어둠의 자식들의 문제에 대한 직접적인 말씀이다. 하나님은 범죄가 만연한 인간 세상을 내려다보시고 인간 만드신 것을 후회하신다. 그리고 그 결과는 참혹한 대홍수와 인류의 멸망으로 이어진다. 그러나 오직 노아와 그의 자손만큼은 당대의 의인이었기에 홍수를 예고 받고 믿음으로 방주를 만들었다. 의인은 노아 한 사람이었지만, 노아를 통해 그 온 가족이 구원함을 받은 것이다. 그러나 오직 그 한 가정뿐이었다.

방주는 각양의 짐승들과 노아의 가족들을 싣고, 40일간 쏟아진 홍수에서 그들을 지켜주었다. 창일한 물은 150일간이나 세상을 덮고 있었고, 그 결과 모든 동물은 다 멸망하였다. 오직 노아의 방주에 들어간 생물과 노아의 가족만이 구원을 받았다. 홍수가 끝난 뒤에 하나님은 심판의 참혹한 결과를 후회하시고 무지개를 통한 언약을 세우시는데 이 세상을 다시는 물로 심판하지 아니하실 것이라는 약속이었다.

이것은 죄의 결과에 대한 분명한 말씀이다. 하나님은 죄인을 멸하신다. 하나님의 약속대로 물로 세상을 심판하시는 일은 없겠지만, 이제는 그 반대로 불로 세상을 심판하실 때가 다가오고 있다. 구원의 길은 오직, 노아의 방주와 같은 교회밖에 없다. 예수님의 피로 세우신 주님의 교회만이 다가올 멸망에 대한 유일한 구원의 방주인 것이다. 결국 대홍수 이야기는 과거에 일어난 참혹한 심판에 대한 말씀만이 아니라, 다가오는 종말과 심판에 대한 분명한 제시이기도 한 것이다.

2) 바벨탑과 분열

바벨탑은 고대 바벨론 지역에 세운 인간의 탑이다. 대홍수 이후 다시 번성하게 된 인류가 홍수가 일어나도 목숨을 건질 수 있는 탑을 세우려고 건설한 것이다. 하나님의 심판에 스스로의 힘으로 맞서겠다고 세우기 시작한 것이 바벨탑인 것이다. 이것이 바로 문명의 시작이다. 따라서 모든 문명은 결국 하나님께 대항하는 것으로 흐르게 마련이다. 하나님께 순종하지 않고도 살 수 있는 방법을 찾으려는 것이 문명의 출발이기 때문이다. 이것을 인본주의(人本主義, humanism)라고 한다. 인간 중심으로 생각하며 살겠다는 뜻이다. 선악과를 범한 인류가 원죄에서 벗어나지 못하고 스스로 선과 악을 결정하며 하나님 없이 살려고 하는 것이다.

그러나 바벨탑은 오직 분열만을 낳을 뿐이다. 하나님을 떠난 사람은 마귀의 유혹에 따라 하나님의 자리를 넘보며 스스로를 높일 수밖에 없기 때문이다. 스스로를 신격화(神格化)시켜서 하나님의 자리에 앉으려는 사람의 마음은 서로를 대적하게 되고 끝내 분열로 이어질 수밖에 없다. 바벨탑이 무너진 이유는 그들의 언어가 갈라졌기 때문이다. 그 언어가 다시 하나가 되는 것이 오순절 마가의 다락방에 임하신 성령님의 역사다.

3. 생각해 볼 문제

1) 이 세상의 모든 것은 하나님이 창조하셨다. 그렇다면 죄도 하나님이 창조하신 것인가?

– 이 물음에 대하여 어거스틴은 '습관의 폭력'이라는 말로 답을 준다.

예를 들어 알코올중독이라는 죄는 알코올이 가져온 것도, 인간이 가져온 것도 아니고 무절제하게 알코올을 마시는 습관에서 빚어지게 되었다는 것이다.

2) 원죄가 유전되는 죄라고 한다면 그건 너무 억울한 일이 아닌가?

– 원죄가 유전된다고 하는 것은 죄 자체가 유전되는 것이라기보다는 죄성(罪性)이 유전되는 것이라고 보아야 한다. 선악과는 선과 악을 알게 하는 나무의 열매다. 그 열매를 범하게 되면 스스로 선과 악을 결정하게 되는 것이다. 하나님을 떠나 자신이 선과 악을 결정하는 존재가 되려고 하는 것이다. 그것이 바로 원죄이며 그 마음은 모든 사람들에게 다 있는 것이다.

3) 대홍수나 바벨탑의 이야기는 어느 때의 이야기인가?

– 선사시대(先史時代)의 기사, 특히 아브라함 이전의 이야기는 시간의 바깥 영역에 속하는 이야기이다. 성서에 나타나는 사람들의 나이들을 바탕으로 그 연대를 유추하는 학설도 있지만, 그것은 상당히 부정확한 것이고, 또 성서의 본래 취지하고도 맞지 않다.

4) 인간을 저주하여 에덴동산에서 내쫓고, 홍수로 멸망시키고, 언어를 바꿔 민족을 흩으시는 하나님이 과연 선하신 사랑의 하나님일까?

– 창세기 11장까지의 하나님은 기본적인 인간의 상태, 즉 죄와 죄의 대가인 생로병사(生老病死) 등의 근원을 역으로 추적하는 내용으로 쓰여진 것이다. 다시 말하면 현재의 상태에서 그 원인을 유추하는 것이라는 뜻이다. 그리고 그 유추의 정답은 '인간의 죄'이다. 인간의 죄에 대한 근원을 말하기 위하여 언급되는 이야기들을 다른 방향에서 바라보는 것은 본래의 의미를 왜곡시키는 것이다. 성서의 역사는 구원의 역사이다. 성서가 말하는 하나님은 인간을 징벌하고 저주하는 하나님이 아니라, 그러한 벌을 받기에 충분한 인간을 구원하시는 하나님이신 것이다.

알코올중독의 책임은 인간에게 있는 것이지 결코 술을 만드신 하나님께 있을 수는 없다. 마찬가지로 죄의 책임은 오직 인간에게 있을 뿐, 하나님께 있는 것은 결코 아닌 것이다. 도리어 죄에 빠진 인간을 구원하시려고, 독생자를 보내주시는 하나님의 사랑이 성서가 말하고자 하는 근본 취지임을 기억해야 한다.

성서와 역사 | 제3강

족장 이야기

1. 족장(族丈)

세계의 모든 역사와 발전의 과정은 성경의 역사 속에도 그대로 적용된다. 즉, 씨족사회(氏族社會)에서 부족사회(部族社會)로, 부족사회에서 다시 왕국(王國)으로 발전하는 역사의 진행은 성경의 역사에도 마찬가지 과정으로 나타난다는 것이다. 고대 선사시대(先史時代)의 이야기인 창조의 이야기를 지나 이제 성서의 배경은 창세기 11장에서부터 아브라함과 이삭과 야곱이라는 족장 즉 씨족사회의 수장을 등장시키고 있다. 결국, 아브라함이나 이삭, 야곱은 모두 족장들로 씨족사회(氏族社會)가 형성되었음을 말씀하는 것이라고 할 수 있을 것이다.

※ 씨족사회 : 아브라함과 자녀들, 부족(민족, 지파) 사회 : 모세와 사사들, 왕국 : 사무엘과 사울 이후

2. 아브라함, 이삭, 야곱

1) 아브라함(Abraham : 열국의 아버지)

아브라함은 대략 BC 2000년경에 갈대아(바빌로니아)의 우르(Ur)라는 곳에서

살고 있었다. 그곳에서 75세에 하나님의 부르심을 받아, 아버지 데라와 함께 약속의 땅을 향해 갈 바를 알지 못하고 출발했다. 아버지 데라는 중간에 하란에 머물다 죽었으며 아브라함은 본토와 친척과 아버지의 집을 떠나 하나님이 명하시는 땅인 가나안으로 나아갔다. 그때 아브라함 곁에는 오직 조카 롯이 함께 있었다. 그러나 롯과 재산으로 인한 분쟁이 생겨 롯은 비옥한 땅 소돔으로 들어가고 아브라함만 가나안에 거주하였다. 하나님은 아브라함에게 많은 자손을 약속하셨지만, 100세가 되어야 비로소 이 약속이 성취되었다. 그 뒤로 아브라함은 70년을 더 살면서 하나님의 은혜를 증거하였다.

아브라함은 믿음의 조상으로 불린다. 아브라함이 이러한 호칭으로 불리게 된 연유는 당시 아브라함에게는 성서는 물론, 성전이나 예식도 전혀 없었음에도 불구하고 하나님을 잘 섬긴 사람으로 오직 믿음이 그의 신앙의 전부였기 때문이다.

성경은 아브라함의 실수들도 기록하고 있다. 기근을 피해 이집트로 갔다 아내 사라를 누이동생이라고 소개한 것과, 하갈과 이스마엘을 아무 대책 없이 내쫓은 일 등이 그것이다. 이처럼 아브라함은 결점도 많이 있었지만, 그러나 하나님에 대한 믿음만큼은 분명하고 확고한 것이어서, 75세에 부름을 받고 약속받은 것이 수십 년간이나 이루어지지 않아도 의심치 않았고, 아들 이삭을 모리아 산에서 제물로 바치라는 명령에도 순종하였다.

※ 아브라함의 자손은 총 8명이다 (그두라의 소생은 성별이 밝혀져 있지 않다)

*하갈 : 이스마엘　*사라 : 이삭

*그두라 : 시므란　욕산　므단　미디안　이스박　수아

⇒ 이스마엘은 아랍인들의 시조로 오늘날까지 숭배되고 있으며

그두라의 자식들은 재산을 나누어 주고 동방(아라비아)으로 가서 살게 하였다. 결국 아브라함의 약속의 후손은 오직 이삭을 통해서 이루어졌다.

2) 이삭(Isaac : 그가 웃었다)

아브라함이 100세에 믿음으로 얻은 아들로 리브가의 남편이며 결혼 후 20년간 자식을 낳지 못하다 하나님께 기도함으로 60세가 되어 쌍둥이 아들 야곱과 에서를 낳았다. 180년에 걸친 그의 인생은 비교적 순탄한 것이지만, 장자 에서에 대한 편애가 야곱과 에서의 불화로 이어지고 끝내 야곱이 집을 떠나는 결과를 낳게 만들었다. 또한 아버지 아브라함이 이집트에서 아내를 누이동생이라고 속였던 것처럼 이삭도 기근이 들어 그랄(Gerar)에 가서 리브가를 누이동생이라고 하기도 하였다. 이처럼 이삭은 분명 믿음의 사람이었지만 여전히 실수를 반복하기도 했다.

이삭의 가장 큰 실수는 하나님께서는 이미 야곱을 축복의 자녀로 선택하셨음에도 그것을 알지 못하고 오직 에서에게만 사랑을 쏟다가 끝내 속임을 당하고 가정의 불화를 일으키고 야곱이 가정을 떠나게 된 것이라고 하겠다.

⇒ 에서는 에돔(이두메) 족속의 조상이 되었다.

3) 야곱(Jacob : 뒤꿈치, Israel : 하나님과 겨루어 이긴 자)

이스라엘이라는 이름은 야곱이 얍복강에서 천사와 씨름하여 얻은 이름이다. 야곱의 생애는 철저한 자기중심의 노력형 삶이었다. 형 에서에게서 장자권도, 축복도 빼앗고, 외삼촌 라반의 재산도 일정 부분 차지하는 등, 그는 다분히 이기적이고 개인 중심적인 삶의 표본이었다. 그러나, 이기적인 그의 삶은 번번이 실패로 끝나곤 하였다. 에서에게 빼앗은 장자권이나 축복도 그가 기대하였던 아버지의 가업과는 상관이 없는 영적인 것이었으며, 그가 원하던 부귀영화도 노년에 이르러 극심한 가뭄과 함께 사라지고 말았다. 아버지 이삭을 속여 노엽게 하였던 야곱은 노년에 사랑하는 아들 요셉이 짐승에 물려 죽었다고 10명의 아들이 한꺼번에 속임으로 되갚음 되고 말았다.

하지만, 분명한 것은 하나님은 그에게 12 아들을 허락하셨고, 그 아들들이 이스라엘의 각 지파(支派, Tribe), 즉 부족의 시조가 되었다는 것이다. 이것은 야곱의 노력이 낳은 것이 아니라 아브라함과 이삭을 통해 하나님께서 약속하신 것을 이루어 주신 것이다. 중요한 것은 이 약속의 성취를 위해서 야곱 나름대로 여러 각도로 노력해보지만 하나님은 야곱이 전혀 예상하지 못하였던 부분을 통해, 즉 죽은 줄 알았던 요셉과, 가나안이 아닌 이집트에서 민족을 일으키셨다는 것이다.

※ 12 지파
르우벤, 시므온, 레위, 유다, 잇사갈, 스불론,
갓, 아셀, 단, 납달리, 요셉(에브라임과 므낫세), 베냐민

3. 생각해 볼 문제

1) 아브라함, 이삭, 야곱 모두 결점이 많은 사람들이었다. 그럼에도 불구하고 그들이 이스라엘의 믿음의 조상이 된 것은 결점이 없는, 즉 율법적으로 완전한 것이 결코 구원의 척도가 될 수 없음을 시사하는 것이라고 하겠다. 하박국 선지자를 비롯하여 사도 바울, 그리고 히브리서의 저자까지 분명하게 언급하는 그대로 의인의 길, 즉 구원의 길은 오직 믿음으로 말미암는 것이다.

2) 처음에는 가족 중심의 신앙이었던 씨족 신앙은 모세를 통하여 민족의 신앙으로 자리매김된다. 그 뒤로 계속 민족의 하나님, 즉 선민(選民)의 신앙은 예수 그

리스도와 사도 바울을 통하여 세계의 신앙으로 성장하고 확대되어 나가게 되었다.

여기서 분명하게 생각해야 하는 것은 하나님은 처음부터 끝까지 동일하신 우주의 하나님이시지만, 부족한 인생들이 그 하나님을 깨달아 가는 과정이 씨족에서 부족으로 다시 민족과 세계로 확장되어 갔다는 것이다. 즉 하나님의 역사가 아브라함과 이스라엘에게서만 시작되었다고 볼 것이 아니라, 하나님을 깨닫고 알아 가는 과정의 파노라마로 이해해야 한다는 것이다.

성서와 역사 | 제4강

이집트와 이스라엘

1. 히브리(Hebrew)

이스라엘은 여러 가지 별칭을 가지고 있다. 이스라엘(Israel), 유다(Judah, Jewish) 그리고 히브리(Hebrew) 등으로 다양하게 불리는 것이다. 이스라엘이란 야곱이 얍복강(Jabbok)에서 얻은 새 이름으로 이스라엘의 12지파 연맹체를 상징하는 말이고, 유다는 야곱과 레아의 사이에서 태어난 야곱의 넷째 아들로 솔로몬의 아들 르호보암 때에 북왕국의 여러 지파와 남왕국의 두 지파(유다와 베냐민)가 갈라지면서 생겨난 남왕국의 이름으로 후에 북왕국은 사마리아의 버려진 종족이 되었고 남왕국만 정통을 고수함으로 이스라엘의 또 다른 이름이 되었다.

그런데 히브리란 고대 중동의 청동기 시대에 살았던 하층민들을 상징하는 말로 하비루(Habiru)라는 말에서 온 것이다. 또는 이브리(Ibri)라는 말에서 온 것으로 보기도 하는데, 하비루는 법의 보호를 받지 못하고 떠돌아다니던 사람들을 지칭하는 말이다. 이스라엘이 히브리라고 불리는 까닭은 이집트에서 떠돌이로 살았기 때문일 것이다. 그리고 이브리라는 말은 강을 건너온 사람이라는 뜻으로 이스라엘의 조상 아브라함이 메소포타미아에서 강을 건너온 사람이라는 뜻이다. 이스라엘 민족은 처음에는 이브리로 불리다 점점 하비루가 되었을 것이다.

2. 요셉과 그 후 430년

이집트(애굽, Egypt)는 기원전 3000년경부터 문명이 발전한 세계 4대 문명[1]의 발상지 가운데 하나이다. 임금인 파라오(바로, Pharaoh)를 중심으로 하는 왕국으로 주변 국가들에 많은 영향을 끼친 나라이다. 특히 야곱의 자손들로 구성된 소수민족이던 이스라엘이 큰 민족이 되어 성장할 수 있었던 배경으로 주목되는 나라이기도 하다.

야곱의 11번째 아들 요셉은 야곱이 무척 사랑하였던 라헬이 낳은 첫째 아들이다. 라헬에 대한 지극한 사랑으로 야곱은 그 아들 요셉을 지나치게 편애(偏愛)하였다. 그것은 아마도 아버지 이삭에게 야곱이 느꼈던 억울함 때문이었을 터인데 나이가 들자 야곱도 아버지의 전철을 밟고 있는 것이다. 그러나 편애의 결과는 형제간의 심각한 반목으로 이어져 끝내 형제들이 요셉을 노예상인에게 팔아버리는 참혹한 결과를 낳고 말았다. 물론 이것이 모두 야곱에게 원인이 있다고는 할 수 없지만, 분명 그 불행의 근원에 야곱 편애가 있는 것만은 부인할 수 없는 사실이다.

그러나 오묘한 하나님의 섭리는 그러한 참혹한 불행 속에서도 요셉을 통해 이집트를 비롯해서 전 팔레스타인 지경의 모든 나라와 민족들을 무서운 기근에서 살아남게 만들었다. 그리고 또한 아버지의 품에서 마냥 귀여움만 받으며 어리광을 부리던 요셉도 거듭되는 고통 속에서 대 이집트 제국을 이끌어 나갈 제상의 수업을 받은 것이라고 할 수 있다. 물론 이것을 다 하나님이 계획하신 일이라고만 보기에는 어려운 끔찍한 사건들이 있지만, 중요한 것은 하나님의 역사와 섭리는 인간

---

1) 세계 4대 문명

인류 최초로 중국, 인도, 이집트, 메소포타미아에서 일어난 문명이다. 중국의 황하 유역에서 일어난 중국 문명, 인더스강 유역에서 일어난 인도 문명, 나일강 유역에서 일어난 이집트 문명, 유프라테스강과 티그리스강 유역에서 일어난 메소포타미아 문명을 아울러 이르는 말이다.

의 사고로는 도저히 예상하기 어려운 부분이라는 것이다. "하늘이 사람에게 큰 일을 맡기려면 먼저 어려움을 주어 그를 시험한다"는 맹자의 말은 참 명언이다. 성서의 위대한 인물들도, 세계사의 위대한 인물들도, 대부분 불행한 현실 속에서 그것을 극복하고 성장하였다는 것은 중요한 사실이며 동시에 오늘의 어려움을 긍정적으로 재해석할 수 있는 바탕이 된다.

이집트의 삶은 여러 가지 우여곡절 속에서도 가족 공동체에 불과하였던 70명의 야곱의 자손들을 430년 만에 장정만 60만 명, 여자와 어린이를 합치면 족히 2백만 명은 충분히 넘을 큰 민족으로 성장시키는 배경이 되었다. 그런데 여기서 한 가지 생각해볼 문제는 그 많은 인원들이 모두 야곱의 혈통을 이어 받았는지에 대한 문제이다. 사실 출애굽 당시의 기록을 보면 주변의 여러 노예민족들이 히브리인들을 따라서 함께 출애굽을 한 것으로 기록되어 있다. 또한 그들을 이스라엘이라 부르지 아니하고 '히브리'라는 명칭으로 부르는 것도 생각해볼 일이다. 여러 가지 정황을 생각할 때 이스라엘의 민족 형성은 단순히 혈통만으로 구성된 것이라고 보기는 어렵다. 결국 이집트의 430년은 이스라엘이 소수 씨족 공동체에서 하나의 민족으로 자리매김되는 과정에서 필연적으로 통과해야 했던 중요한 시간이었다고 보아야 할 것이다.

3. 생각해 볼 문제

1) 하나님의 계획이 요셉을 들어 나라와 민족을 구원하시는 것이었다면 하나님은 요셉을 쓰시기 위하여 일부러 형들을 조종해서 노예상인에게 팔게 한 것인가?

– 하나님은 어떠한 환경과 조건에서도 당신의 뜻을 이루신다. 그러나 무슨 일이 있어도 악을 행하시는 분이 아니다. 따라서 형들에게 요셉을 팔게 하는 것이 하

나님의 뜻이 아니라 형들의 비열한 마음에서 빚어진 일이었을 것이다. 그러나 그러한 지경에서도 하나님은 인간 구원의 큰 뜻을 이루어 가신다고 볼 수 있다. 결국 요셉의 형들이 요셉을 팔아 버린 것은 하나님의 계획이 아니라, 도리어 하나님의 일을 방해한 것이지만 그러나 하나님은 어떠한 방해가 있어도 반드시 선하신 뜻을 이루어 내신 것이다. 화가 변하여 복이 되게 하시는 분, 그분이 바로 하나님이신 거다.

2) 히브리 민족이 여러 민족들의 공동 연합체라면 그들을 선민(選民)이라고 부르는 것이나, 혹은 아브라함의 자손이라고 부른 것은 어불성설(語不成說)이 아닌가?

– 우리나라를 가리켜 배달(倍達)의 겨레, 한민족으로 부른다. 배달이란 단군조선을 부르는 상고시대의 말이다. 하지만 우리의 역사를 더듬어 보면 우리 역시 하나의 민족이라기보다는 중국을 비롯한 여러 민족이 이민을 오고 또 가면서 자연스럽게 형성된 민족이라고 보아야 할 것이다. 우리가 지금 쓰고 있는 성씨(姓氏) 중에 중국에서 온 것이 얼마나 많은가? 중국뿐 아니라 말갈이나 몽고의 후손들도 역시 한겨레가 되어 있음이 사실이다. 그러나 여전히 우리는 한 민족 한겨레다. 따라서 이스라엘이 한 민족이냐 아니냐를 아브라함의 혈통으로만 볼 것이 아니라, 그들의 의식 즉 아브라함을 조상으로 섬기는 의식에 초점을 맞추어야 할 것이다.

성서와 역사 | 제5강

출애굽(The Exodus)

1. 모세

이스라엘 역사에서 모세처럼 큰 비중을 차지하는 사람은 없다. 그의 치적은 우선적으로 히브리 민족이라는 한 민족을 태동케 하였다는 것에서 찾을 수 있다. 모세를 통하여 작은 부족이었던 이스라엘이 비로소 민족이라는 이름의 의미를 가지게 된 것이다. 또한 모세는 최초로 성경을 수집 편찬하였으며 율법을 제정하여 법치(法治)의 새로운 길을 열었다. 또한 모세는 이집트의 발달된 문명과 광야 40년의 외로운 시간 동안에 체험한 여호와 하나님에 대한 신앙을 잘 정돈하여 이스라엘 민족의 선민사상(選民思想, Zionism)을 탄생시켰으며 이스라엘을 독립된 하나의 민족으로 자리매김하게 한 위대한 영웅이라고 하겠다.

모세의 생애를 보면, 모세는 좌절을 딛고 일어선 사람이었음을 보게 된다. 부모로부터 나일강에 버려진 아이였으나, 하나님은 바로(Pharaoh)의 공주를 통하여 그를 구원하셨으며, 자신의 힘으로 민족을 도우려고 하다가 살인자가 되어 광야에서 40년을 방황하였지만, 하나님은 그 시간을 통해 그를 크게 변화시키셨다. 자신의 힘만 의지하던 교만한 모세가, 광야에서의 40년을 통해 세상에서 가장 온유한 사람으로 변화된 것이다(민 12:3). 모세가 진정한 영웅이 될 수 있었던 것은 이러한 시련의 시간들을 잘 이겨내었기 때문이라고 할 수 있다.

2. 이집트의 종교와 열 가지 재앙

당시 대부분의 나라가 그렇듯이 이집트 역시 다신교(多神敎)의 나라였다. 나일강을 중심으로 많은 신이 숭상되던 나라였는데 특히 태양신 아몬-레(Amon-Re)가 가장 숭배되었다. 이 신은 창조신으로 불리는 아툼의 권위를 지니고 있었다. 임금 바로(Pharaoh)는 태양신의 아들로 숭상되어, 살아있는 신의 권위를 가지고 있었으며 죽어서는 저승 및 나일강의 신인 오시리스(Osiris)와 결합하여 나일강을 다스리는 신으로 부활하고, 나일강의 홍수를 조절함으로 곡식의 결실을 이루는 신이 된다고 믿었다. 그 외에도 수많은 신들이 있어서 이집트를 다스린다고 믿는 다신교의 나라였다.

*** 열 가지 재앙과 그 의미 ***

① 강물이 피로 변하다 : 이집트의 마술사들도 이와 똑같이 행하다.

② 일주일 후 강에서 개구리가 올라오다 : 이집트의 마술사들도 이와 똑같이 행하다.

③ 땅의 먼지가 이로 변하다 : 이집트의 마술사들이 더 이상 따라하지 못하다.

⇒ 처음 세 가지 재앙 : 바로는 이 세 가지 재앙에 대하여 마음을 움직이지 않았다.

※ 이집트의 재앙은 그들이 섬기던 신들과 연관이 있다

: 다신교 국가인 이집트는 심지어 파리나 개구리까지 신으로 추앙하고 있었

던 것이다.

④ 파리 ⑤ 가축의 죽음 ⑥ 피부병

⇒ 여기서부터 이스라엘 백성들이 사는 고센 지역이 보호받기 시작했다. 그리고 바로가 번번이 마음을 변화시키며 정치적 타협을 시작했다.

⑦ 우박 ⑧ 메뚜기

⇒ 6번째 재앙까지는 정도의 차이는 있어도 이집트에서 흔히 있을 수 있었던 일들일 것이다. 하지만 7번째 재앙부터는 이집트의 역사 이래 한 번도 있지 아니하였던 일들이었다. 또한 7번째와 8번째의 재앙은 모두가 식량과 관계가 있다. 이집트의 풍요와 강성함은 모두가 나일강의 정기적 범람과 그를 통한 풍부한 식량에 기반하고 있다. 이는 바로의 왕권 역시 그것에 기반 되어 있음을 의미한다. 하나님은 그 기반을 흔들어 진정한 창조주와 전능한 치리자가 누구인지를 보여주고 계시는 것이다.

⑨ 사흘간의 어둠

⇒ 태양신(Amon-Re)에 대한 분명한 승리를 암시하는 것이다.

인생의 빛은 인간의 이성이나 태양으로부터 오는 것이 아니라 하나님으로부터 오는 것이다.

⑩ 장자의 죽음 : 바로와 이집트 백성의 완전한 항복으로 이어졌다.

⇒ 죽음과 생명의 신 오시리스에 대한 하나님의 승리를 암시하는 것으로 생명의 주관자가 하나님이심을 드러낸 증거라고 하겠다. 또한 여기에서 더욱 중요한 것은 어린양의 피로 고센에 살던 히브리 민족은 장자의 죽음에서부터 보호되었다고 하는 사실이다. 유월절 어린양의 죽음은 두말할 필요도 없이 그리스도에 대한 구약의 증거이다. 사망의 신, 저주의 신으로부터 당신의 자녀들을 보호하시기 위하여 하나님은 어린양의 피를 요구하신다. 이는 곧 영원한 죽음, 영원한 형벌로부터 우리가 구원함을 받기 위하여서는 반드시 완전한 어린양이신 예수 그리스도의 보혈이 필요하다는 사실로 연결되는 것이다.

3. 생각해 볼 문제

1) 장정만 60만 명, 여자와 아이들까지 합치면 족히 수백만에 이르고, 또 가축과 재산까지 합치면 막대한 인원이 될 히브리 민족의 거대한 노예 집단 탈주가 어째서 이집트 역사에는 기록되지 아니한 것일까?

– 이집트를 비롯한 고대의 역사는 항상 자신들에게 유리한 것만 기록하였다.

따라서 히브리 민족의 대탈주(Exodus)는 자연스럽게 이집트 역사가들에 의하여 배제되었을 것이다.

2) 모세의 신앙은 어떻게 형성된 것일까?

– 바로의 공주에게 양육될 때, 친어머니 요게벳을 유모로 삼아 히브리 민족의 신앙을 배웠다. 이어서 광야에 나가 미디안의 제사장인 이드로의 집안에 사위로 들어가 있을 때, 광야의 신앙을 체험적으로 배웠을 것이다. 그러나 그 모든 것들보다 호렙산 떨기 아래에서부터 모세를 부르신 하나님 앞에서 직접적으로 신앙을 배웠다고 하여야 할 것이다. 모세는 하나님의 음성을 직접 들었으며, 하나님도 모세에게만큼은 사람이 사람에게 말하듯 말씀하셨기 때문이다(출 33:11, 신명기

34:10). 결국, 이스라엘의 하나님 신앙은 아브라함에게서 태동하여 모세를 통해 꽃을 피운 것이라고 할 수 있을 것이다.

3) 성경에 보면 하나님께서 일부러 바로의 마음을 완악하게 하셨다고 하였는데 그렇다면 하나님이 바로의 마음을 그렇게 만드셨다는 뜻인가?

– 성서 표현의 문제일 뿐이다. 하나님께서는 단 한 번에 이스라엘을 구원하실 수도 있으셨으며, 나아가서 이집트를 멸망시킬 수도 있으셨다. 하지만 이토록 복잡한 과정을 겪게 하시는 것은 그러한 과정을 통하여 하나님을 깨닫고 그 사랑 안에 녹아들기를 원하시기 때문이다. 바로를 완악하게 하셨다는 구절도 사실은 바로까지도 사랑하시기에 그에게 회개할 기회를 주시는 것이며 그러한 일을 통하여 하나님을 계시하시는 것으로 보아야 할 것이다.

4) 열 가지 재앙이라든가, 바다가 갈라졌다든가 하는 이야기를 믿어야 할까?

– 하나님의 역사는 놀라운 것이다. 사실 오늘날도 기적은 끝없이 이어지고 있다. 출애굽기의 어마어마한 기적을 통하여 말씀하고자 하시는 것은 구원의 주체가 하나님이시라는 것, 즉 인간은 그 누구도 구원에 이르는 이러한 일을 행할 수 없음을 보이시는 것이라고 하겠다.

성서와 역사 | 제6강

광야의 생활

1. 광야

광야(廣野, Wilderness, 미드바르:מִדְבָּר, ἐρημία)는 황무지와 사막 지역이며 들가시와 찔레가 자라는 곳으로 바위투성이의 산악 지대를 말하는 것이다. 당연히 광야는 사람이 거주할 만한 곳이 아니다. 일단 마실 물이 없고 뜨거운 햇빛을 피할 그늘도 없다. 간간이 싯딤나무나 로뎀나무가 있고 수풀도 약간 있기는 하지만 잠시 자라다가 사라지는 일시적인 것들이 대부분이다. 또한 사나운 들짐승들이 있어 잠시도 마음 놓을 수 없는 척박한 지역이다. 광야의 여건이 그러다 보니 광야는 말 그대로 죽음의 땅이었다. 먹을 것도 없고 마실 물도 없는 곳으로, 도망자들이나 숨어드는 곳이요 시절을 따라 양치기들이 양들에게 풀을 뜯어 먹이기 위하여 간간이 들리는 곳이었다.

하지만 예언자들에게는 광야는 신비한 곳이었다. 사실 광야는 하나님이 도와주시지 아니하면 살 수 없는 곳이다. 광야로 나가는 것은 죽음을 각오하고 나가는 것이다. 하나님이 도와주시지 않는다면, 하나님이 만나 주시지 않는다면 죽겠다는 각오로 나가는 곳이 광야였던 것이다. 아브라함이 하나님의 음성을 듣고 무작정 길을 나섰던 곳, 예수님께서 공생애를 앞두고 40일간을 금식하며 거하셨던 곳, 세레 요한이 주님의 길을 예비하며 이사야의 예언을 성취하던 곳, 그리고 사도바울이 다마스커스에서 예수님을 만난 후 숨어 지내며 기도하였던 곳이 광야이다. 또한 광야는 죽음을 앞둔 도망자들이 마지막으로 가는 곳이었다. 야곱이 형 에서의 죽음의 위협에서 도망했던 곳, 모세가 바로 왕의 죽음의 위협에서 도망했던 곳, 다윗이 사울 왕의 죽음의 위협에서 도망했던 곳, 엘리야가 이세벨의 죽음의 위협에서 도망했던 곳이 광야다.

2. 광야생활 40년

홍해를 건너 이집트에서 완전히 빠져나온 이스라엘 백성이 제일 먼저 직면한 곳이 광야였다. 젖과 꿀이 흐르는 땅을 소원하고 나왔지만 그들은 먼저 광야를 지나야 했다. 사실 광야를 횡단해서 가나안으로 가는 데에는 일주일 정도면 족하였다. 하지만 하나님께선 그들로 하여금 40년간 광야를 지나게 하셨다. 그 의미가 무엇일까?

1) 구름기둥과 불기둥

이스라엘 백성은 극적으로 이집트를 탈출하였다. 이스라엘의 뒤를 추격하던 이집트 군대는 홍해 바다에 수장되었다. 이때부터 이스라엘 백성을 인도하였던 것은 낮에는 구름기둥이고 밤에는 불기둥이었다. 이 기둥이 움직이면 같이 움직였고, 멈추면 장막을 세우고 함께 머물렀다. 이렇게 40여 년 동안 광야를 떠돌아다닌 것이다 – 이 두 기둥은 신비로운 하나님의 역사로 해석할 수도 있지만, 이스라엘 민족의 앞에 진열되어 있던 커다란 모닥불의 상징으로도 해석할 수 있다. 바람이 없는 상태에서 이 모닥불은 낮에는 연기로 밤에는 불로 기둥을 만들었을 것이기 때문이다.

2) 만나와 메추라기

광야는 인간의 한계가 드러나는 곳이다. 그곳을 40년간 떠돌아다닌 이스라엘 민족은 그 자체로 기적의 삶을 살았던 것이다. 쓴 마라의 물이 달게 변하고, 므리바의 바위에서는 샘물이 터져 나오고, 아침마다 만나가 내리고 또 메추라기가 떼로 날아와 고기를 먹게 하는 등, 광야는 신비로운 하나님의 손길이 가득한 곳이었다. 특히 만나는 가장 신비하기 이를 데 없는 것이었다. 그것은 하나님이 아침마다 내려주신 것으로 많이 거두는 사람도 적게 거두는 사람도 모두 꼭 필요한 만큼만 되었다.

3) 율법의 제정

광야에서 얻은 가장 큰 업적은 모세가 시내산에서 받은 율법이라고 할 수 있다. 하나님께서 친히 돌판에 당신의 계명을 적어 주셨다. 그것은 아마 십계명이었을 것이며, 모세는 이것을 발전시켜 율법이라는 구체적인 법령을 제정했다. 또한 이스라엘 민족에게 회자되던 창세기의 이야기들을 수집하고, 출애굽의 경험들을 문자로 남겨 모세오경(창세기, 출애굽기, 레위기, 민수기, 신명기)을 남겼다. 이로써 이스라엘도 법치국가가 된 것이다.

광야는 하나님의 은혜가 아니면 살 수 없는 곳이다. 이 말은 자신의 한계를 발견하는 곳이라는 뜻이다. 자신의 무능력과 연약함을 발견하고 하나님의 능하신 손길의 위대함을 발견하는 곳이 광야다. 결국 광야는 하나님을 만나는 곳이다. 또한 광야는 시험을 당하는 곳이다. 자신의 내부에 깃들인 모든 욕망들이 활화산처럼 타오르는 곳이다. 가장 인간적인 밑바닥의 감정들이 속속들이 나타나는 곳, 인격의 바닥이 드러나는 곳이 광야이다. 자신의 내부에 깃들인 욕망이 유혹이 되어 나타나 시험하는 곳, 그곳이 광야인 것이다. 그리고 광야는 더 이상 갈 곳이 없는 사람이 가는 곳이다. 세상에서 버림받고 희망을 상실한 사람들, 더 이상 받아 줄

가정도 사회도 없는 사람들이 가는 곳이다. 절망의 사람들이 마지막으로 찾는 곳이 광야인 것이다.

그러나 광야는 새로운 사람으로 변화되어 나오는 곳이다. 거듭나는 곳이다. 새로운 인생이 시작되는 곳이다. 도망자 야곱이 변하여 이스라엘이 되고, 살인자 모세가 변하여 가장 온유한 영도자가 되고, 누명을 쓰고 도망친 다윗이 변하여 위대한 임금 다윗 왕이 되고, 도망자 엘리야가 변하여 죽음을 넘어 승천하는 그곳이 바로 광야다. 이방인 아브람이 믿음의 조상 아브라함이 되는 곳이요, 목수의 아들 예수님이 메시야가 되시는 곳이요, 기독교의 박해자 사울이 변하여 그리스도의 사도 바울이 되는 곳이 광야인 것이다. 그리고 떠돌이 하비루, 히브리 민족이 이스라엘이라는 선민이 되어 율법을 지키며 살아가게 되는 곳도 결국은 광야였다.

따라서 광야는 이스라엘로 하여금 인생의 주관자가 하나님이신 것을 깨닫게 하고, 하나님의 인도하심에 대한 믿음을 다지게 하였으며, 나아가 인생을 자기 마음대로 살 것이 아니라 하나님의 말씀 곧 율법으로 살아가야 함을 가르치신 곳이라고 하겠다.

3. 생각해 볼 문제

1) 시내산과 호렙산은 다른 산인가?

호렙 산맥에 속한 시내산이라고 보는 것이 맞다. 즉 호렙산은 산맥의 아래쪽을 말하는 것이고 시내산은 호렙 산맥의 가장 높은 봉우리를 말하는 것이다. 하지만 아직까지 누구도 정확하게 시내산의 위치를 말할 수 있는 사람은 없다. 말 그대로 신비의 산인 것이다.

2) 모세의 장인의 이름은?

모세의 장인이며 십보라의 아버지인 모세 장인의 이름은 곳곳에서 다르게 나타난다. 이드로, 르우엘, 그리고 호밥이라는 세 이름으로 나타난다. 이렇게 이름이 다양하게 나타나는 까닭은 언어학적으로 아버지와 아들 그리고 할아버지 등이 세분화되어 있지 않은 히브리어의 특징에서 비롯되는 것이다. 대다수의 성서학자들은 모세의 장인의 이름은 르우엘이고 이드로는 제사장 직분을 가리키는 말로 본다. 그리고 호밥은 르우엘의 다른 이름이거나 르우엘의 아들 이름으로 모세의 처남이라고 본다.

3) 모세의 장인 이드로는 미디안의 제사장이었다. 그는 이방신을 섬겼는가?

정확히 알 수는 없다. 그러나 그의 이름이 르우엘, 즉 엘의 친구, 곧 하나님의 친구로 불리는 것으로 보아 하나님을 섬겼다고 할 수 있다. 하지만 미디안 족속은 사사의 시대에 이스라엘과 자주 충돌하였던 가나안의 이방 민족들이었던 것은 분명하다. 그렇지만 미디안 족속은 유목민으로 가족 단위로 움직이던 민족이기에 각 가정마다 섬기는 신이 다 달랐을 것이다.

성서와 역사 | 제7강

약속의 땅

1. 여호수아

여호수아(Johua, 헬라어 : 예수스, Iesus)는 '여호와께서 구원하신다'라는 뜻으로 예수님의 이름과 같다. 그의 본명은 호세아로, '여호와께서 구원하시기를...' 이라는 뜻이었다. 그는 모세의 부관이며 제자였다. 모세를 따라 시내산에 올라가서 모세가 하나님을 만나는 40일 동안 그곳에 머물렀기에 금송아지를 섬기는 우상숭배에 동참하지 않았다. 아말렉과의 전투에서는 지휘관의 능력을 보여주었고, 가나안의 12 정탐꾼에 뽑혔을 때에는 갈렙과 더불어 승리의 확신을 전하였던 믿음의 사람이다. 모세가 후계자로 여호수아를 지목하였는데 여호수아는 모세의 기대에 부응하여 가나안의 정복을 훌륭하게 이루어냈으며 12지파의 연합국가를 이루어낸 위대한 인물이다.

2. 가나안 정복

가나안 땅을 가리켜 성경은 젖과 꿀이 흐르는 땅(A land flowing with milk and honey)이라고 한다. 젖과 꿀이 흐른다는 표현은 은유적인 것으로 목축과 농경이 가능한 땅, 즉 양의 젖을 얻을 수 있고 포도와 같은 달콤한 과일을 먹을 수 있는 땅이라는 뜻이다.

여호수아서는 가나안 정복을 하나님의 전권적인 역사로 설명한다. 요단강이 갈라지고, 여리고 성이 저절로 무너지는 등 정복은 순조로운 하나님의 역사로 이루어졌다. 그러나 이스라엘의 불순종도 계속되었다. 아간이 배반하고 기브온 거민들에게 어이없이 속는 등 실패의 이야기들도 반복된다. 여러 가지 우여곡절 끝에 가나안의 정복은 어느 정도 완성되었지만 110세가 된 여호수아가 하나님께 부름을 받을 때까지 완전한 정복은 이루어지지 않았다. 하지만 여호수아와 이스라엘의 12지파는 믿음으로 땅을 분배하였다. 비록 아직 정복되지 아니한 땅이라고 할지라도 믿음을 가지고 나눈 것이었다. 그렇게 분배된 땅의 정복은 수세기가 지난 후에야 비로소 완성되었다. 명실상부(名實相符)한 정복의 완성은 다윗 왕 때에 비로소 완성되었기 때문이다.

가나안 땅은 분명 아브라함에게 약속하신 땅이었으며, 하나님은 그 땅을 이스라엘에게 허락하신 것 역시 분명한 사실이었다. 그러나 그 약속이 실현되기까지는 실로 오랜 세월이 걸렸으며 또한 이스라엘의 많은 노력이 필요했다. 하나님의 약속은 그냥 이루어지는 것이 아니다. 거기에는 수 없는 땀과 눈물의 노력이 필요한 것이다. – 씨앗은 수많은 열매의 약속이다. 그러나 그 씨앗을 통해 약속을 거두어들이려면 농부는 일 년 내내 많은 노력을 해야 한다.

요단강을 건너 가나안 땅에 입성하는 것은 신앙생활의 새로운 국면을 의미하는 것이라고 할 수 있다. 성도(聖徒)는 거룩한 백성이다. 하나님의 약속을 받고 그 약속을 믿고 그 믿음으로 사는 사람들이다. 그러나 성도에게도 여전히 세상의 문제는 끊임없이 이어진다. 가나안 땅에 들어간다고 모든 문제가 사라지는 것이 아니기 때문이다. 성도는 그러한 문제들을 믿음으로 극복하면서 하나님의 약속을 세상에 실현시켜 가는 사람들이다.

출애굽기까지가 하나님의 신비로운 개입의 말씀이라면 여호수아서부터는 율법을 통한 하나님 섬김의 시작이라고 볼 수 있다. 모세까지는 하나님께서 직접적으로 음성을 들려주시고 길을 이끌어주셨지만, 이제 율법이 수여된 이상 이스라엘은 그 율법에 따라 살아야 하는 것이기 때문이다. 그러나 완악(頑惡)한 인생은 율법을 온전히 지키지 못하여 하나님의 아들 예수 그리스도로 하여금 십자가를 지시지 않으면 안 되게 만들었다. 그 과정을 설명하는 것이 여호수아서다. 끝없는 좌절과 절망, 그러나 그때마다 다시 일어서는 삶, 그것이 성도의 삶인 것이다.

3. 생각해 볼 문제

1) 모세는 왜 자신의 아들에게 정권을 물려주지 않았을까?

– 당시 모세의 권위로 보아 얼마든지 왕정을 설립할 수 있었을 것이다. 그러나 모세는 자신의 후계자로 신실하게 자신을 보필하였고 신앙이 좋았으며 용기와 기백이 넘치는 여호수아를 선택하였다. 이는 선택을 하나님께 맡기는 믿음의 결정이었다. 이스라엘의 진정한 왕은 하나님이시기에 지도자는 하나님이 선택하셔야 하는 거다.

2) 가나안은 여호수아와 이스라엘에 의하여 정말로 정복된 것일까? 그렇다면 어째서 사사의 시대에 미디안을 비롯한 많은 민족들이 여전히 남아 이스라엘을 괴롭힌 것일까?

– 가나안의 정복에 대하여 학자들은 세 가지로 추측한다.

① 군사적 정복설 : 여호수아서 1장~12장까지의 내용으로 전쟁을 통하여 정복하였다는 설.

② 평화적 이주설 : 사사기의 내용이 주로 시사하고 있는 것으로 각 지파들이 점진적이고도 평화적으로 가나안에 진입하여 원주민과 함께 살았다는 설.

③ 농민 혁명설 : 당시 가나안은 각 지역의 왕들이 지배하던 곳이었는데, 파라오의 압제를 탈출한 히브리인들이 가나안의 토착 농민들과 연합해서 악한 왕들을 몰아내고 왕정이 아닌 민주정, 곧 사사의 시대를 열었다는 설(삿 6:8~9).

⇒ 성경은 이 세 가지 추측을 다 뒷받침해준다.

종합해 보면 히브리인들은 팔레스타인 곧 가나안의 원주민들과 일정 부분은 연합전선을 구축하여 악한 지도자를 축출하고 새로운 나라 곧 왕이 아니라 하나님의 사사가 다스리는 나라를 건설하였다. 이 과정에서 때로는 전쟁을 하기도 하고 또 때로는 평화적인 이주를 하기도 하였던 것이다. 그러나 아직 그 뿌리가 남아 있었던 토착 가나안 원주민들이 끊임없이 재기의 움직임을 보이며 이스라엘을 위협하였을 것이다.

3) 하나님은 왜 가나안의 거민들을 한 사람도 남기지 않고 죽이라고 하셨을까? 너무 잔인한 명령이 아닌가?

– 가나안에는 여리고 성, 아이 성 등 성(城)이 많았다. 그런데 당시 가나안 지역의 성에는 고유의 우상을 섬기는 성전이 있었고, 각 지역의 왕과 그 부하들만이 살고 있을 뿐, 일반 백성들은 다 성 밖에서 살았다. 따라서 남녀노소를 가리지 않고 다 죽였다는 것은 단지 성안에 거하던 왕과 우상을 섬기던 제사장, 그리고 왕의 부하들을 의미하는 것이라고 하겠다.

물론 그렇다고 하여도 정복에 따르는 무참한 학살은 하나님의 본래 모습인 사랑과는 분명 다른 모습임에 틀림없다. 하지만 당시 사막 부족들의 전쟁 양상은 그토록 잔인한 것이었으며 아직 하나님에 대하여 그 방법으로밖에는 파악하지 못하던 문화적 배경을 유념할 필요가 있다. 다시 말하면 하나님에 대하여 성경은 점진적으로 접근해 나아가고 깨달아 가는 과정을 설명하고 있다는 것이다.

성서와 역사 | 제8강

사사의 시대

1. 사사(士師, Judge, 쇼페트–שֹׁפֵט)

사사(士師)란 판관(判官) 즉 재판관 혹은 지도자를 가리키는 말로, 여호수아 이후부터 사무엘 선지자 이전까지 약 200여 년간 등장하였던 12명의 영적 지도자를 가리키는 말이다. 사사기에는 "이스라엘이 왕이 없을 때"란 말이 네 번(17:6, 18:1, 19:1, 21:25) 나온다. 이는 사사기의 핵심적인 표현으로 사사기는 왕이 세워지기 이전의 시대적 혼란기를 나타내는 뜻임을 알 수 있다. 그러나 좀 더 분명하게 살펴보면 하나님께서 이스라엘을 직접 통치하시는 진정한 왕이셨던 시대임을 표현하는 것으로 볼 수 있다. 즉 이스라엘 백성들이 어려움에 직면했을 때마다 간절하게 기도하였고, 그때마다 하나님께서 그 기도에 직접 응답하시던 시대였다는 뜻이다. 또한 사사기에는 이스라엘이 가나안을 완전히 정복하지 못함으로 가나안과 적당히 타협하며 잘못된 관습과 우상 숭배 그리고 이방인들과의 결혼으로 그 순수성이 무너지고, 그로 인하여 하나님을 쉽게 떠나가 버리는 모습과 그 결과로 나타난 징계, 그리고 징계를 통한 회개와, 그 회개 기도에 응답하심으로 사사들을 통하여 다시 구원하시는 역사가 반복적으로 나타난다.

2. 사사기

사사들이 통치하던 시대는 그리 긴 기간은 아니었다. 대략 기원전 12세기에서 11세기까지의 약 200여 년이 이에 해당한다. 이 기간은 각 지파들이 개별적으로 가나안에 정착하던 시기로 여호수아의 시대처럼 강한 결속력으로 뭉쳐있지는 못하였다. 그래서 산발적인 문제가 생길 때마다 사사들이 등장해서 민족을 구원하는데, 그들의 등장도 때로는 전 민족적인 경우와 부분적인 경우가 섞여 있는 것을 볼 수 있다. 또한 사사들이 활동하던 시기 역시 중복되기도 하는데, 이것은 12지파 전체의 사사도 있었지만 각 지파만의 사사도 존재하였던 것으로 볼 수 있다.

3. 내용구성

※ 이스라엘 가나안 정복 실패와 그 원인(1~2장)

여호수아가 죽고 난 이후에도 이스라엘에게는 아직도 정복해야 할 땅이 많았다. 그러나 이스라엘은 적을 쫓아내지 못하거나, 죽이지 않거나, 그들을 함께 살았다.(1:19, 21, 27, 31~32,)

⇒ 가나안의 원주민들은 심각하게 우상을 숭배하는 민족이었다. 그러자 그들의 영향으로 이스라엘 백성도 자연스럽게 우상을 숭배하기 시작했고, 그 결과 하나님을 향한 마음과 열정이 식어버렸다. 또한 그 결과는 죄로 이어졌고 끝내 무서운 재앙을 불러일으키는 원인이 되고 말았다.

※ 7번의 배반(3장~16장)

7번의 배반과 7번의 구원 : 사사의 수는 12명이지만 입산과 엘론, 압돈의 경우에는 특별한 언급이 없다. 그 시대는 배반의 기록도 구원의 기록도 없는 것으로 간주하여, 그 세 사사의 통치 기간을 빼면 7번의 배반과 7번의 구원이 성립된다.

	3:7~11	3:12~31	4~5장	6:1~8:32	8:33~10:5	10:6~12장	12장	13장~16장
죄	우상숭배	부도덕, 우상숭배	하나님을 저버림	하나님을 저버림	하나님을 저버림	우상숭배		하나님을 저버림
징계 기간	8년	18년	20년	7년	내란	18년		40년
평화 기간	40년	80년,7년	40년	40년	23년,22년	6년	7,10,8년	20년
적국	메소포타미아	모압,블레셋	가나안	미디안인	-	블레셋, 암몬		블레셋
사사	**옷니엘**	**에훗,삼갈**	**드보라,바락**	**기드온**	**돌라, 야일**	**입다**	**입산, 엘론, 압돈**	**삼손**
지파	유다	베냐민,납달리	에브라임	므낫세	잇사갈,길리앗	길리앗		단

※ 자기 소견의 옳은 대로 하는 시대 (17장~21장)

사사기의 상황을 가장 적나라하게 보여주는 장면이 나온다. 제사장들과 레위인의 타락으로 우상숭배가 보편화되고, 성적 타락이 극에 달했으며, 끝내 하나님의 심판이 베냐민 지파를 중심으로 시작되는 안타까운 이야기들이 이어진다. 이는 진정한 왕이신 하나님을 떠난 결과로 이스라엘에 왕이 없었기 때문이다.

그 때에는 이스라엘에 왕이 없었으므로 사람마다 자기 소견에 옳은 대로 행하였더라! (삿 17:6)
그 때에 이스라엘에 왕이 없으므로 사람이 각기 자기의 소견에 옳은 대로 행하였더라! (삿 21:25)

4. 생각해 볼 문제

1) 사사는 문자적인 의미로는 재판관(judge)을 의미하는데 그들이 정말 재판을 주도하였는가?

– 대다수 시민들의 송사에 대해서는 대부분 족장이나 장로들에 의하여 재판되었다. 사사의 시대가 끝난 뒤 왕정이 세워졌을 때에도 왕에게 임명된 관리가 재판을 행하였다. 또한 종교적인 문제의 재판은 제사장들에 의하여 판결되었다. 따라서 사사는 재판을 주관하는 판관이라기보다는 백성의 지도자를 상징하는 말이라고 할 수 있다. 이것은 하나님께서 진정한 재판관이신 것과 같은 맥락이라고 볼 수 있다.

2) 사사의 시대를 왕정으로 가는 과도기로만 볼 것인가?

– 그렇지 않다. 사사의 시대를 오히려 가장 훌륭한 고대 민주적 통치가 이루어지던 시대로 보는 시각도 많이 있다. 왕이 아직 생겨나지 아니한 것이 아니라 왕을 거부한 시대로 민중이 직접 통치하며 하나님께 직접적으로 매달리던 시기라는 시각이다. 또한 가장 민주적인 시기여서 심지어 드보라와 같은 여사사가 정치의 전면에 등장하기도 하는 것을 볼 수 있다.

3) 성직 세습문제와 관련해서 사사기 8~9장의 기드온 기사를 읽으면 어떨까?

– 이스라엘 백성들은 기드온이 왕이 되어 세습정치를 펼 것을 간곡히 부탁하였다. 하지만 기드온은 단호하게 이를 거절하였다. "오직 여호와께서 너희를 다스리시리라" 이것이 기드온의 대답이었다. 하지만 기드온이 죽은 후 그의 70명의 아들 가운데 아비멜렉이 아버지 기드온의 뜻을 거역하고 외가쪽 친척들인 세겜 사람들을 동원하여 모든 형제를 죽이고 스스로 왕이 되었다. 그러나 불과 3년 만에 그의 통치는 그를 왕으로 세웠던 세겜 사람들과의 불화로 무너지고 그 역시 한 여

인이 던진 맷돌에 맞아 사망함으로 끝이 났다. 하나님의 통치는 결코 혈육을 따라 세습되는 것이 아님을 분명하게 보여주는 기사라고 할 것이다.

성서와 역사 | 제9강

이스라엘의 왕정시대

1. 사무엘(Samuel, 하나님의 이름)

B.C. 11세기에 활동하였던 선지자로 관점에 따라 이스라엘의 마지막 사사로 볼 수 있다. 사사기에 등장하는 12 사사 이후에도 사사의 시대가 얼마간 더 이어졌다는 관점인데, 이에 따르면 엘리 제사장 역시 사사라고 볼 수 있으며 그 뒤를 이은 사무엘도 제정일치(祭政一致)의 시대를 관장하던 사사로 볼 수 있는 것이다. 사무엘의 은퇴 이후에 그 뒤를 이었던 두 아들, 요엘과 아비야는 아버지의 위명을 잇지 못하고 백성들의 원성을 듣게 되었고 결과적으로 왕정(王政)이 성립되는 한 원인이 되고 말았다.

하지만 사무엘이 남긴 족적은 지대한 것으로 이스라엘 백성은 사무엘을 모세 다음 가는 위대한 지도자로 생각하고 있다. 그분의 가장 큰 공헌은 사사의 시대를 끝내고 왕정의 시대를 열었다는 것인데, 그것은 과감하게 자신을 희생하고 대의를 따른 결과라고 볼 수 있다.

2. 사울

사울은 최초의 이스라엘 임금이다. 성경은 그의 정확한 통치 기간을 명시하지 않지만 전통적으로 40년간 다스린 것으로 보고 있다. 사도행전 13장은 그러한 견해를 반영한 것이다. 그는 하나님의 선택하심으로 사무엘 선지자에게 기름 부음을 받은 왕이었으며 또한 온 백성 앞에서 제비를 뽑아 선출된 명실상부한 왕이었다. 그가 당시 이스라엘에서 가장 영화로운 임금의 자리에 등극할 수 있었던 배경은 분명 그의 겸손을 들어야 할 것이다. 그는 제비를 뽑는 자리에 나서지도 않았다. 이미 사무엘에게 언질을 받았음에도 불구하고 도리어 그는 자신이 뽑힐 것을 대비해서 숨어버리는 겸손을 취하였다. 또 그렇게 임금이 되었음에도 곧바로 정치에 나서지 않고 잠잠히 때를 기다리며 고향에서 농사를 짓고 있었던 것이다.

그러나 그가 겸손을 버리고 교만하게 되자, 하나님도 그를 버리셨다.

사울의 실책은 크게 세 가지이다.

1) 제정 분리를 인식하지 못하고 제사장의 영역을 함부로 침범하였다.

– 블레셋과의 전쟁에서 사무엘이 오는 것이 늦어지자 자신이 직접 하나님께 번제를 지낸 것이다. 그러자 사무엘 선지자는 크게 화를 내었다. 그것은 하나님보다 블레셋이나 백성들을 더 두려워하고 더 중하게 여기는 것이었기 때문이다.

2) 하나님의 명령을 순종하지 않았다.

– 아말렉과의 전쟁에서 그들 모두를 진멸하라는 하나님의 명령을 자기 마음대로 해석해서 아말렉 왕 아각을 생포하였고 좋은 가축들을 남겨두었던 것이다. 그러면서도 입으로는 하나님께 제사를 지내기 위해서 그것들을 살려 두었다고 하였다. 여기에 대하여 사무엘이 크게 책망하면서 하나님은 순종을 제사보다 더 기뻐하신다고 하였을 때, 사울은 진심으로 회개하기보다는 백성들 앞에서 위신을 생각하여 눈 가리기에만 급급하였다. 이것 역시 하나님보다 사람을 더 중히 여기는 것으로 해석될 수 있다.

3) 다윗을 억울하게 핍박하였다.

– 사울은 많은 사람의 도움을 받아서 임금이 되었고 또 전쟁을 치렀다. 블레셋과의 전쟁에서는 위기의 순간에 아들 요나단이 나서서 극적으로 이스라엘을 구했음에도 요나단의 작은 잘못을 책망하여 그를 죽이려고 하였고, 골리앗을 만나 수세에 몰려 있을 때에는 다윗이 나서서 극적으로 위기를 모면하게 하였던 것이다. 하지만 사울은 그 모두를 기뻐하지 않았다. 그렇게 함으로 사람들의 인기가 다윗에게 모아질 것이기 때문이었다. 그러한 시기심은 억울하게 다윗을 핍박하고 죽음으로 위협하는 지경에까지 이르고 말았다. 일이 이 지경에 이르게 된 근본 원인 역시, 하나님보다 사람을 더 중하게 여기는 사울의 마음에서 기인한다고 하겠다.

결국, 사울은 겸손함으로 임금이 되었으나 임금의 자리가 그를 교만하게 만들었으며, 사람들을 하나님보다 더 두려워하고 그들의 인기에 영합하려는 강박관념이 그 인생을 일그러지게 만들었다고 할 수 있다. 이것은 오늘날의 우리에게도 그대로 적용되는 문제이다. 우리에게 중요한 것은 사람들의 관심이나 그들의 칭찬인가? 아니면 하나님이신가?

3. 생각해 볼 문제

1) 사사의 시대가 끝나고 왕정으로 이행하는 것에 대하여 성경은 부정적인가?

사무엘서나 열왕기서는 분명 부정적인 관점을 보인다. 사무엘에게 이스라엘 백성이 왕을 요구하였을 때 하나님은 *"그들이 너를 버림이 아니요 나를 버려 자기들의 왕이 되지 못하게 함이니라(삼상 8:7b)"*라고 하셨으며, 사무엘 자신도 *"그 날에 너희는 너희가 택한 왕으로 말미암아 부르짖되 그 날에 여호와께서 너희에게 응답하지 아니하시리라(삼상 8:18)"*라고 부정적인 견해를 피력하고 있기 때문이다.

성경이 바라보는 왕은 결과적으로 진정한 왕이신 하나님을 떠나 사람을 왕으로 세우고 그에게 의지하는 것을 나타내는 것이기 때문이다. 이것은 눈에 보지지 않는 하나님에 대하여 믿음으로 응답하기를 거부하고 눈에 보이는 임금을 택함으로서 믿음에서 떠난 것을 상징하는 것이라고 하겠다.

2) 사무엘의 스승 엘리는 악한 인물인가?

그에 대한 평가는 두 가지로 나눠질 수 있다. 일단 두 아들인 홉니와 비느하스의 잘못으로 나라의 운명은 위태한 지경에 빠지고 법궤마저 블레셋에게 빼앗기는 등 무능한 사사였다는 것에 대해서는 부정적일 수밖에 없다. 하지만 사무엘의 어머니 한나에게 믿음을 주어 근심을 씻어 주었으며 사무엘을 잘 길러내 위대한 사사로 삼았고, 또한 자신의 불행에 대한 하나님의 예언 앞에서도 하나님을 찬양하는 등, 그의 모습은 선한 사사의 모습을 다분히 간직하고 있다. 실제로 그는 40년간 이스라엘을 다스린 대제사장이요 사사였으며 또 후사를 사무엘에게 이어준 훌륭한 사사라고 칭찬할 수도 있을 것이다.

3) 사울은 다윗을 언제 처음 만난 것인가? 수금을 타는 악사로 무기를 드는 자로 삼는 때였는가?(삼상 16장) 아니면 골리앗을 무찌르려고 나타난 때였는가?(삼상 17장)

학자들은 창세기와 마찬가지로 사무엘서에도 두 가지 이상의 자료가 혼합되어 있다고 생각한다. 실제로 사무엘서에는 많은 곳에서 중복과 상치가 적잖이 나타난다. 이것은 성경을 아주 귀하게 여긴 편집자들이 임의로 성경을 가감하지 아니하고, 있는 그대로 들은 그대로를 합쳐 기록하였음을 의미하는 것이다.

그럼에도 불구하고 이 문제에 대해 대답을 찾아본다면, 가장 합리적인 해석은 먼저 다윗이 사울의 악사가 되었고, 뒤이어 골리앗을 무찌르게 되었으며, 그 후에 무기 드는 병사로 발탁되었다고 보는 것이다. 그러나 이보다는 골리앗을 무찌르는 이야기와 악사가 된 이야기 두 가지를 다 다윗의 초기 행적으로 증거하는 성경의 가르침을 있는 그대로 받아들이는 것이 더 좋다.

– 우리는 적어도 3,000년 이상 지난 시기의 이야기를 전해 듣고 있는 것이다. 그 시기는 아직 철기 문명도 제대로 시작되기 전이었으며, 우리나라는 고조선 시대로 전혀 역사가 남아있지 아니한 시대라는 것을 인식하는 것이 좋겠다.

성서와 역사 | 제10강

다윗왕의 시대

1. 언약궤 (법궤, 하나님의 궤, 증거궤, Ark of the Convenant, 아론 핫베리트: אֲזוֹך תַבְדְתִי)

하나님의 상세한 지시에 따라 모세의 시대에 만들어져 성막에 보관되던 것으로, 안에는 모세에게 내리신 하나님의 돌판 계명인 증거판이 들어있었고, 만나 항아리와 아론의 싹 난 지팡이는 그 앞에 보관되어 있었다. 광야에서는 주로 지성소에 보관되었으나, 가나안을 정복하면서 성막 밖으로 꺼내져서 하나님의 임재를 상징하며 옮겨지기 시작하였다. 사사의 시대에는 '실로'에 보관되었다 엘리 제사장 시기에 '에벤에셀'에서 블레셋에게 빼앗기기도 하였다. 그러나 하나님의 신비한 능력으로 '벧세메스'를 거쳐 '기럇 여아림'으로 옮겨진 이후에 아비나답의 집에 보관되었다.

다윗의 시대에 이르러 마침내 예루살렘으로 옮겨지던 중, '웃사'가 함부로 궤를 손으로 만지다가 저주로 죽기도 하였다. 이는 하나님께서 명하신 방식으로 언약궤를 옮기지 않고, 임의로 수레에 올려 옮겼기 때문이다. 하지만 이로 인하여 다윗이 한동안 낙심하기도 했다. 3개월 후 다윗은 마침내 큰 기쁨과 찬양을 드리며 예루살렘에 새로운 성막을 짓고 그곳에 법궤를 안치하였다. 후에 솔로몬이 성전을 지어 지성소에 정식으로 언약궤를 안치하였다. 그러나 바벨론의 침공(B.C. 587~586)

이후부터 언약궤는 역사에서 자취를 감추고 말았다. 따라서 재건된 성전이나 신약 시대의 성전에는 지성소에 언약궤가 없었다. 이에 대하여 예레미야는 예루살렘 자체가 하나님의 보좌가 될 것이기 때문에 언약궤가 사라지는 것이라고 예언하였다. *(너희가 이 땅에서 번성하여 많아질 때에는 사람들이 여호와의 언약궤를 다시는 말하지 아니할 것이요 생각하지 아니할 것이요 기억하지 아니할 것이요 찾지 아니할 것이요 다시는 만들지 아니할 것이며, 그 때에 예루살렘이 그들에게 여호와의 보좌라 일컬음이 되며 모든 백성이 그리로 모이리니... (렘 3:16~17)*

신약 시대에는 예수 그리스도께서 진정한 대제사장으로 나타나시고, 또한 진정한 지성소인 천국에 직접 들어가신 분이시기 때문에 십자가를 지실 때에 지성소의 휘장이 둘로 갈라졌다. 이로써 더 이상 언약궤를 필요로 하지 않게 된 것이다.

2. 다윗(사랑 받는 자, David, 다위드:DWD–דָּוִד)

다윗왕의 시대는 이스라엘의 황금기였다. 약속의 땅 가나안을 완전히 정복하여 마침내 하나님의 약속이 이루어진 은혜의 시대였다. 뿐만 아니라 주변의 모든 나라들을 정복하여 제국을 형성함으로, 이스라엘 역사상 가장 넓은 영토를 다스리던 강력한 시대였다.

다윗은 이새의 8번째, 혹은 7번째 아들로 소년 시절에 벌써 골리앗을 무찌르고 큰 장수가 되었다. 또한 수금을 타는 실력도 대단하여서 악신(惡神)에 시달리는 사울을 찬송으로 위로하였고, 사울의 수행비서 격인 '무기 드는 사람'이 되기도 하였다. 사울의 아들 요나단과는 생명같이 귀하게 여기는 우정을 나누었지만 시기심에 물든 사울은 다윗을 여러 번 죽이려고 하였다. 사울을 위하여 수금을 타고 있을 때도 창을 던져 죽이려고 하였고 딸 미갈을 아내로 준다고 하고는 블레셋

군대를 이용하여 죽음의 함정을 놓기도 하였다. 미갈의 도움으로 왕궁을 빠져나와 사울의 독수를 피하여 광야를 떠돌 때에도 군사를 동원하여 죽이려고 하였다.

도망자 생활을 하는 동안에도 다윗은 끝없이 죽음의 위협에 직면하였다. '마온 광야'에서는 사울의 군대에게 포위되었지만 마침 블레셋과의 전쟁이 발발함으로 사울이 돌아가지 아니할 수 없었다. 망명을 위하여 블레셋의 '아기스'에게 피하지만 그 역시 다윗을 죽이려 함을 알고 미친 사람처럼 행동하여 간신히 빠져나왔으며, 후에 따르는 사람들을 이끌고 다시 블레셋에 망명을 갔을 때에 '시글락'을 다스리게 되었지만 다윗이 자리를 비우고 없는 사이 아말렉이 쳐들어와서 다윗의 아내들뿐 아니라 백성들의 온 가족을 포로로 끌고 갔다. 그러자 따르던 사람들이 다윗을 돌로 치려 하기도 하였다. 이 모두가 사울로 인한 것이라고 할 수 있다.

하지만 다윗은 사울을 죽일 수 있는 기회가 두 번이나 있었지만 하나님의 기름 부은 종이라는 이유로 끝까지 충성하였다. 엔게디의 동굴에 숨어 있을 때에 사울이 용변을 보려고 들어왔지만 다윗은 그의 옷자락만 조금 잘랐을 뿐이었고, 또 사울과 부하들이 잠들었을 때에도 그에게 다가가 창과 물병만을 취하였던 것이다. 이러한 일련의 사건들 앞에서 사울은 번번이 눈물로 참회하지만 악신이 이미 마음에 가득한 사울은 계속 다윗을 죽이려고 하였다.

다윗이 30세가 되었을 때에 사울이 블레셋과의 전투에서 아들들과 함께 전사하였다. 이 이후에, 마침내 다윗이 왕위에 등극하지만 그러나 유다 지파 하나만이 그를 따랐고 나머지 11지파는 사울의 군대장관이었던 아브넬의 도움으로 사울의 아들인 '이스보셋'을 왕으로 세우고 7년여의 기간을 대치하게 된다. 그 후 아브넬과 이스보셋의 갈등으로 마침내 사울의 가문은 자멸하고 다윗은 명실공히 이스라엘 전체의 임금이 되었다. 정리하자면 다윗은 30세에 헤브론의 유다 왕이 되었다가 37, 8세에 이스라엘 전체의 왕이 되었으며 71세에 운명하기까지 7년간은 헤브론에서, 33년간은 예루살렘에서 40년간 이스라엘을 다스렸다.

3. 생각해 볼 문제

1) 다윗은 어째서 사울을 죽이지 않았을까? 일찍 그를 죽여 없앴다면 쉽게 왕이 되지 않았을까? 그리고 그가 왕이 되는 것이 나라를 위해서도 더 나은 것이 아니었을까?

– 다윗은 철저하게 하나님의 역사를 기다린 사람이다. 골리앗을 눕힌 것도, 블레셋을 무찌른 것도, 나아가서 왕이 된 것도 모두 하나님의 역사 속에서 이루어진 일이다. 다윗은 스스로 일을 만들지 않고, 하나님의 이끄심을 기대하였던 것이다. 하나님의 역사를 겸허하게 엎드려 기다리는 자세, 그것이 다윗의 자세이었고, 그것이 바로 하나님이 다윗에게 요구하셨던 것이라고 하겠다.

2) 사무엘상 28장에 보면 사울은 마지막 블레셋과의 전투를 앞두고 극도의 불안에 빠져 신접(神接)한 여인을 찾는다. 그리고 그 여인을 통하여 죽은 사무엘의 영혼을 불러낸다. 또한 사무엘의 영혼은 사울에게 멸망의 예언을 하여 주는데 이것이 성서적인 관점에서 가능한 일인가?

– 절대로 있을 수 없는 일이다. 신접한 여인, 곧 무당이 사무엘의 영혼을 불러내었다는 것은 가증한 속임수에 불과하다. 그것은 사탄의 위장 전술일 뿐인 것이다. 사무엘은 결코 지하 스올에 머물러 있지 않았을 것이고, 또한 무녀(巫女)가 부른다고 그 자리에 등장하지도 않았을 것이기 때문이다. 이것은 사무엘을 가장한 사탄이 사울에게 저주를 퍼부은 것이라고 보아야 한다. 이미 악신에 빠지고 전의를 상실하여 불안에 떨던 사울이 지푸라기라도 잡는 심정으로 이런 해괴한 일을 벌였지만 그것은 결국 사울의 멸망만을 재촉하였을 뿐이다. 사울은 하나님께서 자

신의 기도를 들어주지 아니하시고 아무런 음성도 들려주지 않아서 이런 일을 벌인 것이라고 하지만, 그 전에 사울은 이미 단지 다윗을 도와주었다는 억울한 이유로 하나님의 제사장들을 85명이나 공개 처형하였다. 그래서 하나님께서 죄를 돌이키지 아니하고 악신에 물든 사울에게 응답하지 아니하신 것이다. 사울이 정상적인 방법을 찾으려고 하였다면 먼저 죄를 회개하고 이후에 하나님께 물었어야 한다. 그랬다면 하나님은 사울의 회개를 받아주시고 살길을 가르쳐 주셨을 것이다. 신접한 여인과 그가 불러낸 거짓 영은 사울에게 절망만을 안겨 주었는데, 이것만 보더라도 그것이 절대로 하나님의 역사가 아님을 증명하는 것이다.

성서와 역사 | 제11강

다윗의 실수와 그 결과

1. 다윗과 성전(Temple, 헤칼 바이트–יכָל בַּתי, ἱερον, ναός)

다윗은 자신의 궁궐은 화려한데 하나님의 성전은 여전히 장막인 것을 마음 아프게 생각하여 아름다운 성전을 건축하려고 하였다. 하지만 하나님은 선지자 나단을 통하여 다윗은 그동안 전쟁을 하면서 너무나 많은 사람들을 죽였기 때문에 성전을 건설할 수 없다고 말씀하셨다. 성전은 평화의 상징이어야 하기 때문에 평화를 상징할 수 있는 사람이 지어야 한다는 말씀이었다. 다윗은 이 말씀에 순종하여 후계자인 아들 솔로몬을 위하여 성전을 지을 자재(資材)를 장만하는 것으로 만족해야 했다. 솔로몬은 그 이름 자체가 평화 곧 샬롬이었다. 다윗은 솔로몬의 성전을 위해 최선을 다하여 성전 자재를 모았다 : 금 오 천 달란트(170톤), 은 일만 달란트(340톤), 놋 일만 팔 천 달란트(613톤), 철 십만 달란트(3,400톤) 이상을 모았으며 그 외 목재와 석재, 그리고 인부는 셀 수 없을 지경이었다. 하지만 이토록 많은 자재를 봉헌하면서도 다윗과 백성은 *"모든 것이 주께로 말미암았사오니 우리가 주의 손에서 받은 것으로 주께 드렸을 뿐이니이다!(대상 29:14)"*라고 겸손하게 말했다.

2. 다윗의 범죄와 그 결과

사도 바울은 로마서에서 *"모든 사람이 죄를 범하였으매 하나님의 영광에 이르지 못하더니(롬 3:23)... 모든 사람이 죄를 지었으므로 사망이 모든 사람에게 이르렀느니라!(롬 5:12)"*라고 말씀하였다. 그 말씀처럼, 위대한 다윗도 범죄하였다. 그것도 가장 충성된 30인의 신하 중의 하나로 꼽히는 '우리야'를 죽이고 그 아내인 '밧세바'를 취한 것이다. 만일 이것이 다른 사람의 죄였다면 그는 즉시 죽음을 면치 못하였겠지만, 다윗은 진심으로 회개하였고 또한 그간 쌓은 공로가 인정을 받아 속죄할 기회를 부여받게 되었다. 그러나 그 속죄는 너무나도 뼈아픈 것이었다. 하나님은 죄를 범한 다윗에게 이렇게 말씀하셨다 : *이제 네가 나를 업신여기고 헷 사람 우리아의 아내를 빼앗아 네 아내로 삼았은즉, 칼이 네 집에서 영원토록 떠나지 아니하리라.... 내가 너와 네 집에 재앙을 일으키고 내가 네 눈 앞에서 네 아내를 빼앗아 네 이웃들에게 주리니 그 사람들이 네 아내들로 더불어 백주에 동침하리라. 너는 은밀히 행하였으나 나는 온 이스라엘 앞에서 백주에 이 일을 행하리라! (삼하 12:10~12)*

이 무서운 말씀은 그대로 다윗의 생전에 다 이루어지고 말았다.

그것도 다윗이 가장 사랑하는 아들들을 통해서 이루어진 가슴 아픈 일이었다.

1) 밧세바를 통해 낳은 아들이 나단의 책망을 들은 지, 7일 만에 죽었다.

– 다윗은 그 아이를 위하여 7일간 금식하며 참회하였지만 소용이 없는 일이었다.

2) 맏아들 암논이 딸 다말을 강제로 욕보이고 멸시하였다.

– 그러나 다윗은 화를 냈을 뿐 아무런 조치도 취할 수 없었다.

3) 2년 후 다말의 오빠 압살롬이 끝내 암논을 살해하고 도망쳐 버렸다.

– 압살롬은 다윗의 셋째 아들로 아주 멋진 외모와 지혜를 지닌 아들이었다.

4) 수년 후 고향에 돌아온 압살롬은 아버지를 배신하고 반란을 일으켰다.

– 이것이 아마도 다윗의 일생에 있어서 가장 끔찍한 일이었을 것이다. 다윗의 거의 모든 수하들은 압살롬을 따라 배신하였고, 결국 다윗은 왕궁을 버리고 도망자가 되어야만 하였다. 시므이라는 사울의 후손은 도망치는 다윗에게 돌을 던지며 저주의 말을 서슴지 않았다.

더구나 압살롬은 나단의 예언 그대로 백주에, 아버지 다윗의 후궁들 10명을 욕보이는 엄청난 악행을 저질렀다. 결국 반란은 진압되었지만 수만 명의 백성이 목숨을 잃었으며, 끝내 압살롬도 요압에게 살해되고 말았다.

5) 북쪽 지파들을 선동하여 비그리의 아들 세바가 반란을 일으켰다.

– 밧세바를 취한 이후 다윗은 끝없이 반란에 시달려야만 하였다.

6) 다윗이 나이 70세가 되어, 죽기 직전까지 자식들의 왕위 다툼은 끝나지 않았다.

– 아버지가 늙어 기력이 없는 것을 알고 넷째 아들 아도니야가 스스로 왕이 되려고 하였다.

여기에는 다윗의 충신 요압과 제사장 아비아달까지 가세하였다.

결국 솔로몬에 의하여 아도니야와 요압은 살해되었고, 아비아달은 고향으로 쫓겨나고 말았다.

3. 생각해 볼 문제

1) 성서는 일부다처제(一夫多妻制)를 용인하는가?

– 하나님이 아담과 짝지어 주신 여인은 오직 하와 한 사람뿐이었다. 인간이든 동물이든 배우자는 반드시 하나인 것이 자연의 법칙이다. 그러나 광야를 살아가던 유목민족의 특성상, 여러 명의 여인을 맞이하는 풍습이 구약시대에 용인되었던 것은 사실이다. 아브라함도, 야곱도, 그리고 많은 임금들도 다 후처를 맞았기 때문이다. 그러나 이것은 어디까지나 다산(多産)을 장려하려고 한 어쩔 수 없는 일

이었을 뿐, 그들도 모두 단지 한 여인만 진정으로 사랑하였다는 것에 주목해야 한다. 아브라함은 오직 사라만을, 이삭은 리브가만을 그리고 야곱은 라헬만을 사랑하였다. 다윗도 오직 밧세바만을 사랑하였던 것으로 보인다. 다른 여인들을 택한 것은 당시의 풍습에 따른 인간적인 생각이었지만, 그러나 사랑이 없는 결혼과 그 결과는 결코 순탄하지 않았다. 행복한 결혼의 조건은 오직 한 남자, 한 여자에 대한 진실한 사랑뿐인 것이다.

2) 요압이나 아비아달은 분명 다윗을 위한 충신이 아니었던가? 솔로몬은 왜 그들을 박대했나?

– 요압은 다윗의 사촌 동생으로 가장 든든한 후원자요 충신이었다. 그는 다윗을 위해서라면 목숨을 버리는 것도 서슴지 않았다. 또한 다윗을 위하여 진실한 충언도 마다하지 않았다. 이 점은 아비아달 역시 마찬가지였다. 그러나 그들에게도 허물은 있었다. 아도니야의 반란 때에, 그들을 지지하였다는 것이다. 그리고 요압의 경우는 사적인 원한을 갚기 위하여 아브넬을 살해하였고, 군대장관직을 차지하기 위하여 아마사를 살해하기도 하였다. 그의 죽음은 이러한 죄과에 대한 인과응보라고 보아야 할 것이다.

3) 다윗의 인구조사와 그 결과는?

– 다윗이 10여 개월간 요압을 통하여 조사한 인구는 이스라엘 80만 명에 유다 50만 명이었다. 물론 이 수치는 전쟁을 치를 수 있는 군사들의 숫자였다. 다윗이 이처럼 인구를 조사한 것은 자신의 능력을 가늠하기 위함이었는데, 그것은 하나님의 능력이 아니라 사람의 능력을 의지하려는 잘못된 계산에서 기인한 것이었다. 그 결과 하나님은 다윗과 이스라엘에 중벌을 내리셨다. 선지자 갓은 하나님의 징벌 세 가지 중 하나를 다윗에게 택하라고 하였다. 7년(혹은 역대기에 의하면 3년)간의 기근, 3개월간의 도망, 3일간의 전염병이 그것이었다. 다윗은 이번에는 자신이 직접

선택하지 않고 하나님의 뜻에 맡겼는데 하나님은 전염병을 내리셔서 7만 명이 죽었다. 이 재난이 끝난 곳은 아라우나(오르난)의 타작마당이었는데 다윗은 그곳에서 번제와 화목제를 드렸다. 이곳은 모리아 산으로 아브라함이 아들 이삭을 제물로 드리려던 곳이었다. 그리고 이곳이 바로 성전이 세워지게 될 성지(聖地)가 되었다.

성서와 역사 | 제12강

솔로몬의 시대

1. 성전(聖殿, Temple, 헤칼 바이트–יכָל בַּתי, ἱερον, ναός)

모세의 성막 이후 이스라엘의 성전은 세 번 건축되었다. 첫 번째 성전이 바로 솔로몬이 건축한 성전으로 솔로몬의 재위 4년(BC 966년)에 시작하여 7년 만에 완공했다. 솔로몬의 성전을 오늘날의 평수로 계산하면 대략 80~100평 정도의 규모가 된다. 구약의 성전은 예배를 위한 곳이 아니라 제사를 위한 곳이며, 하나님이 거하시는 하나님의 집이라는 개념이기에 넓게 짓지 않았다. 솔로몬의 성전은 기본적으로 돌로 지은 성전이며 레바논에서 들여온 백향목과 금으로 장식되었다. 화려하게 만들어진 것으로 추정되는 이 성전은 BC 587년 바벨론의 침공으로 예루살렘이 멸망당할 때 함께 무너졌다.

두 번째 성전은 BC 537년 다시 건설되기 시작하였다. 하지만 사마리아 사람들의 방해 등 여러 가지 어려움으로 지연되다가 학개와 스가랴 선지자, 그리고 지도자 스룹바벨의 주도로 BC 520년에 마침내 완공되었다. 실제 모습은 잘 알 수 없지만 솔로몬의 성전보다 규모나 그 화려함이 떨어졌던 것은 사실일 것이다. BC 167년 수리아(Syria, 아람)의 '안티오커스 에피파네스 4세'의 침공으로 이스라엘과 성전은 큰 시련에 직면하였다. 그때 성전은 더럽혀졌고 백성들은 노예로 팔려갔다.

순교자가 줄을 이었고 성전에서는 제우스 신에게 돼지고기가 바쳐지고 제사장들의 방에는 창녀들이 기거하기까지 했다. 이런 시련이 3년 6개월간 계속되다가 유다 마카비의 봉기로 회복되었다. 이 기간이 다니엘서나 요한계시록에서 '한 때 두 때 반 때' 혹은 42개월, 1260일 등으로 표현되는 기간이다.

그 후 BC 20년경 헤롯왕이 성전을 헬레니즘-로마(그레꼬-로망)의 양식으로 다시 짓겠다고 하여 성전을 분해하고 새롭게 짓기 시작했다. 그 결과 AD 64년에 총 80여 년의 기간을 들인 성전이 완공되었지만, AD 73년 로마에 의하여 철저하게 무너지고 말았다. 예수께서 공생애의 기간에 찾아가시고 붕괴를 예언하신 성전은 이 헤롯의 성전이었다.

2. 솔로몬의 통치

솔로몬(Solomon, 쉘로모-שְׁלֹמֹה : 평화 평강, 여디디아-여호와께 사랑을 입음)은 BC 970년에 이스라엘의 임금이 되어 40년간 다스렸다. 솔로몬이 왕이 되어 최초로 한 일은 기브온 산당에서 하나님께 일천번제(一千燔祭)를 드리는 것이었다. 이 일을 기쁘게 여기신 하나님께서 솔로몬의 소원을 들어주셨는데, 지혜와 지식을 더하게 하시고 또 그가 구하지 아니한 것들 곧 부귀와 공명 부강함까지 선물로 주셨다. 예수께서 말씀하신 그대로 먼저 그의 나라와 의를 구하면 이 모든 것을 더하신다는 말씀이 이루어진 것이라고 할 수 있다. 그는 하나님으로부터 받은 지식을 활용해서 3000개에 달하는 많은 잠언과 1500편에 달하는 노래 곧 시를 지었다.(일부가 잠언과 아가서에 남아있다)

일천번제 이후 집권 4년경부터 솔로몬은 성전을 짓기 시작하였다. 또한 유다를 제외한 전국을 12 구역으로 나누고 강력한 중앙집권체제를 도모하였다. 솔로몬은 재위 기간 중에 많은 건축을 하였는데 이 일을 위하여 이방인들을 노예로 부리며 강제 노역에 동원하였고 또 이스라엘 백성들을 징발하여 노역에 동원하기도 하였다. 이러한 노동력의 차출로 성전을 7년 만에 지었고, 왕궁은 13년간 지었다. 또한 예루살렘을 요새화하였으며, 므깃도, 하솔, 게셀 등도 요새화하였다.

솔로몬은 해외 무역에도 관심을 보여 이집트 파라오의 딸을 아내로 맞이하는 등 많은 성과를 이루었다. 그는 이웃 나라들과 상업적 교제뿐 아니라, 군사적 협조 관계도 유지한 것으로 보인다. 그의 명성은 인근의 모든 나라에 퍼져 나갔으며 멀리 스바(Sheba – 예맨과 이디오피아에 걸친 지역으로 아라비아의 남쪽 끝에 해당된다)의 여왕이 찾아와 궁금한 것을 묻고 대답을 얻어 가기도 하였다.

하지만 노년에 이르러 수많은 외국인 아내들을 맞이한 솔로몬은 그만 그녀들의 유혹에 넘어가 하나님을 배신하고 이방신을 섬기고 말았다. 그는 아주 많은 부인들을 거느렸는데, 후궁이 700명에 첩(妾)이 300명이나 되었다. 그중에는 모압(Moab), 암몬(Ammon), 에돔(Edom–에서의 후손, 이두메), 시돈(Sidon 페니키아), 헷(Hittites) 등 수많은 이방 여인들이 있었다. 그녀들은 늙은 솔로몬을 유혹하여 그모스나 몰록과 같은 가증한 우상의 신당을 짓게 하고 경배하게 만들었다. 그 결과 하나님은 진노하셨고 결과적으로 이스라엘이 두 나라로 분리되는 원인이 되었다. 그러나 하나님께서는 다윗의 공로를 헤아려 솔로몬의 사후(死後)에 이러한 징계를 내리셨다.

3. 생각해 볼 문제

1) 솔로몬은 하나님께 지혜를 선물 받았는데, 왜 잘못된 정치를 한 것일까?

– 모든 인간은 죄를 범할 수밖에 없음을 보여주는 것이다. 솔로몬은 큰 부귀

와 영화를 누렸지만, 그것이 하나님의 은혜요 도우심인 것을 잊고 자신의 능력으로 그러한 영화를 이루었다고 생각하는 교만에 빠진 것이라고 하겠다. 훗날 솔로몬은 그 사실을 깨닫고 잠언을 쓰면서 교만은 패망의 선봉이요 거만한 마음은 넘어짐의 앞잡이니라(잠 16:18)고 고백하였다. 아무리 훌륭한 사람도 겸손을 잃어버리게 될 때 하나님을 잊고 자신을 높여 결과적으로 패망하게 된다.

2) 솔로몬은 수많은 사람들을 강제 노역에 동원하고 노예로 부렸다. 과연 옳은 일인가?

– 솔로몬에 대한 후대의 평가 중에 지나친 건축과 그를 위해 동원한 강제 노역을 지적하는 사람들이 많이 있다. 실제로 그가 죽자 백성들과 대표들은 그의 아들 르호보암에게 찾아가 부친 솔로몬의 멍에가 너무나도 무거웠으니 그것을 가볍게 하여 달라는 청원을 하였다.

물론 솔로몬은 성전을 지었고 또 화려한 건축물들을 많이 남겼지만 솔로몬의 사후 얼마 못 가서 다 무너지고 말았다. 그러나 여기서 우리가 꼭 기억해야 할 것은, 솔로몬은 3,000년 전의 고대 임금이라는 사실이다. 그 시기의 모든 임금들은 대부분 대규모 건축 사업에 집중하곤 하였다.

3) 솔로몬의 성전은 크기가 100평 남짓밖에 되지 않았다. 그렇게 작은 이유는?

– 당시 성전은 예배를 드리기 위한 성전이 아니었다. 단지 제사를 지낼 규모만 갖추어지면 되었다. 그러기 위해서는 그 규모만으로도 충분하였을 것이다. 더구나 성막을 건축물로 재현한 것이 성전이라는 것을 염두에 둔다면 그 크기가 이해될 수 있을 것이다.

성서와 역사 | 제13강

북왕국 이스라엘의 역사

1. 제사장(Priest, 코헨:כֹּהֵן)과 예언자(預言者, 先知者, Prophets, 나비:נָבִיא, 로에, 호제)

제사장은 하나님께 제사를 드리는 대표자로 인간의 편에서 하나님께 예배하는 사람이었다. 최초의 제사장은 아론과 그 후예들인 나답, 아비후, 엘르아살, 이다말 등이 맡았으며 아론이 레위 지파의 사람이었기 때문에 제사장을 돕고 수행하는 일 곧 성전을 지키는 일은 오직 레위 지파 출신만 할 수 있었다. 다시 말하면 제사장은 아론의 가계(家系)에서만 선출되었고 레위 지파 사람들은 그 제사장을 돕는 일을 맡았던 것이다. 그러나 예외가 없었던 것은 아니다. 대표적인 사람이 바로 사무엘인데, 그는 레위 지파 출신이 아닌 에브라임 지파 출신이었다. 하지만 사무엘은 비단 제사장의 역할 뿐 아니라 예언자의 역할과 동시에 사사의 역할까지 겸비한 것으로 볼 수 있다. 다윗 왕조의 출현 이후에는 제사장이 왕의 통제에 귀속되었다. 솔로몬 이후부터는 아론의 아들 엘르아살의 후손인 사독의 가계에서만 대제사장이 선출되었다. 신약시대에 이르러서도 이 전통은 계속 이어져 사독의 후손으로 지칭되는 사두개인(Sadducees)들이 대제사장의 가문으로 이어졌다.

예언자는 하나님의 말씀을 '보고(로에-호제의 뜻)' 즉 환상 가운데서 '보고' 그것을 말씀으로 전하는 사람을 말한다. 최초의 선지자라고 볼 수 있는 사람은 바로 모세다. 그는 하나님의 말씀을 직접 듣고 본 뒤, 그것을 전한 사람이기 때문이다. 사사의 시대에는 사사들이 그 역할을 대신하였고, 예언자의 정점은 역시 사무엘이라고 할 수 있다. 사무엘은 선지자들을 양육하는 선지학교를 세우기도 하였는데, 사무엘이 죽은 후에는 와해되었다가 엘리야와 엘리사의 시대에 재건되었다.

제사장과 예언자는 그 역할에서 분명하게 구별된다. 제사장은 인간의 편에서 하나님께 예배드리는 직책이고, 예언자는 하나님의 편에서 사람에게 말씀을 전달하는 사람이다. 그러나 사무엘과 예레미야 그리고 에스겔 같은 분들은 제사장이면서 동시에 예언자의 역할을 하였던 것으로 볼 수 있다. 결국 분명한 구분을 짓자면 제사장은 혈통과 가계를 따라 선출되는 직책이지만, 예언자는 하나님의 부르심으로 선택되는 소명자(召命者)라고 하겠다.

2. 북왕국 이스라엘의 역사와 멸망

솔로몬이 죽은 후 왕위를 이어받은 솔로몬의 아들 르호보암은 여로보암과 백성의 대표자들에게 솔로몬의 멍에 곧 세금과 징집과 같은 멍에를 가볍게 하여 달라는 요청을 받았다. 그러나 르호보암은 이를 거절하며 솔로몬보다 더한 학정을 예고하였다. 그 결과 B.C. 930년 나라가 둘로 갈라지고 말았다. 남왕국은 유다 지파와 베냐민 지파만으로 구성되어 예루살렘을 중심으로 솔로몬의 아들 르호보암을 왕으로 세우게 되었고, 북왕국은 이스라엘이라는 이름으로 여로보암을 중심으로 나머지 10개 지파들이 연합하였다. 다윗과 솔로몬의 시대에 강성하였던 하나의 왕국은 약한 두 개의 왕국으로 나뉘게 된 것이다.

이렇게 갈라진 왕국이 오래 갈 수는 없었다. 이미 쇠약해진 터였기 때문에 아람 족속(Arameans, 시리아)을 비롯한 주변 열강들의 끊임없는 침략에 시달리다 북왕국이 먼저 B.C. 722년, 그러니까 나라가 갈라진 뒤 불과 200여 년 뒤에 앗수르(Assyria)에게 멸망당하고 말았다.

앗수르의 침공은 아주 무자비한 것으로 북왕국의 10개 지파는 이때에 완전히 궤멸되어 역사에서 사라지고 말았다. 그 뒤로 이 지역은 오므리 왕 때에 건설된 수도 사마리아의 이름으로 불리게 되었다. 사마리아 지역에는 앗수르인들이 강제 이주시킨 외국인들이 거주해서 살게 되었는데 그들은 북왕국으로 이주해서 살면서 여호와 하나님을 섬기는 신앙을 받아들이기는 했지만 오직 모세의 오경만을 믿었고, 동시에 고향에서 섬기던 온갖 우상들도 더불어 섬겼다.

북왕국에는 많은 예언자들이 있었는데 그중에 대표적인 다섯 명의 예언자들이 있었다. 엘리야(872~852), 엘리사(849~799), 요나(793~753), 아모스(760~755), 호세아(746~724)인데, 그들의 눈물겨운 노력에도 불구하고 끝내 왕국은 몰락하고 말았다. 엘리야는 오므리의 시대에서 아하시야의 시대까지, 엘리사는 여호람에서 여호아하스의 시대까지, 그리고 요나와 아모스는 여로보암 2세 때에, 호세아 역시 여로보암2세 시대에 등장해서 마지막 임금 호세아의 시대까지 활동했다.

※ 북왕국의 연대기

1. 여로보암 (933~912)	2. 나답 (912~911)
3. 바아사 (911~888)	4. 엘라 (888~887)
5. 시므리 (887)	6. 오므리 (887~877) – 디브니 (887~863)
7. 아합 (876~854)	8. 아하시야 (854~853)
9. 여호람 (853~842)	10. 예후 (842~815)

11. 여호아하스 (814~798)　　12. 요아스 (798~793)

13. 여로보암2세 (793~743)　　14. 스가랴 (743)

15. 살룸(743)　　16. 므나헴 (743~737)

17. 브가히야(737~736)　　18. 베가 (736~730)

19. 호세아(730~722)

3. 생각해 볼 문제

1) 이스라엘은 어째서 끝없이 우상숭배를 한 것일까?

– 여러 가지 원인이 있겠지만 그중에서도 하나님의 말씀이 당시에 완전히 정착하지 못했기 때문이라고 할 수 있다. 구약성서가 제 모습을 갖추기 시작한 것은 유다마저 망하고 바벨론으로 끌려간 뒤에 형성된 것이다. 따라서 당시의 신앙은 말씀 중심의 신앙이 아니라, 제사장이나 예언자들의 중심에 서 있었는데 왕이 그들을 신임하고 그들의 말에 따를 때에는 큰 문제가 없지만 정치적인 목적이나 신비적인 영향력의 의존을 위하여 이방의 신들을 신봉하는 예도 수없이 많았기 때문이다. 결국 왕을 세울 때부터 이 일은 이미 예견되고 있었다고 해야 할 것이다.

2) 이스라엘의 19명의 왕 중, 선한 임금은 없는가?

– 하나도 없다. 아주 가끔, 아합이나 그의 아들 여호람(요람)이 회개를 하기도 하고, 또 우상을 없애기도 하지만 근본적인 신앙의 회귀나 믿음의 역사가 아니라 순간의 위기를 모면하거나 정치적인 목적으로 행하여 졌을 뿐이다.

3) 요나서를 보면 요나가 니느웨로 가서 예언하는데, 그의 정확한 활동 시기는?

– 니느웨는 앗수르의 수도이다. 북왕국을 멸망시킨 악한 나라의 수도인 것이다. 그런데 문제는 요나가 생존했던 시기는 아직 북왕국이 멸망하기 전인 여로보

암2세 때라는 것이다. 그런데 요나서를 보면 요나는 니느웨가 멸망하기를 바라고 있었으며 문체와 어법도 바벨론 포로 후기에 가깝게 표현되어 있다. 하지만 이러한 차이점은 요나의 활동 이야기가 후대에 편집된 것으로 생각하면 쉽게 해결될 수 있다. 즉, 요나는 당대에 활동하다가 니느웨에서 말씀을 증거하였고, 후대에 이러한 사실이 성경에 기록된 것이다.

성서와 역사 | 제14강

남왕국 유다의 역사

1. 시가(詩歌)와 지혜문학(智慧文學)

구약성경의 중반부에는 비교적 많은 양을 차지하는 욥기, 시편(詩篇), 잠언(箴言), 전도서(傳道書) 그리고 아가서(雅歌書)가 들어있다. 우리 성경은 번역된 글이라 그 어감을 살리기가 쉽지 않지만 원문에는 이 말씀들의 문학적 형태가 시(詩)로 되어 있다. 시가 가지고 있는 특별한 감동을 맛볼 수 있는 참 은혜로운 말씀들인 것이다. 특히 시편은 많은 신앙인들이 눈물의 고백 혹은 감사의 노래를 담아 작성한 것으로 그중에는 다윗이 직접 지은 시도 많이 포함되어 있다. 아가서는 솔로몬이 지은 것으로 전해지는데 아름다운 사랑의 노래를 담고 있다. 또한 욥기는 욥의 고난과 그 의미를, 잠언은 솔로몬 당시 근방에 전해지던 격언을 전하는 것이고 전도서 역시 삶의 진정한 의미와 진리를 시의 형식으로 전하고 있다. 그래서 이 말씀들을 시가서(詩歌書)라고 하기도 하고, 지혜를 가르치는 말씀이라 지혜서라 하기도 한다. 또한 거룩한 말씀임을 강조해서 성문서(聖文書)라고도 한다. 다만 성문서에는 욥기, 시편, 잠언, 전도서, 아가서와 함께 룻기, 예레미야애가, 에스더, 다니엘, 에스라, 느헤미야, 역대기 등을 포함한다.

그런데 이 지혜문학서들은 그 문학의 독특한 문체와 더불어, 심도 깊은 통찰을 전하고, 또 진리에 대한 상징적 해석과 세상에 대한 풍자 등이 가득해서 어떤 부분은 누구나 쉽게 접근할 수 있지만 또 어떤 부분은 많은 지식을 가지고서도 접근하기 어려운 난제를 제공하기도 한다. 그러나 중요한 것은 이 말씀들이 전하고자 하는 근본 취지는 '하나님을 경외하는 것이 지식의 근본'이라는 것이다. 그 근본 지식의 근저에서 인간의 고통과 사랑의 기쁨 등에 대해 고도의 철학적 사색을 거쳐 하나님의 말씀을 증거하고 있는 것이다.

2. 남왕국 유다의 역사와 멸망

BC 930년 북왕국과 남왕국으로 갈라진 이스라엘은 각기 독자적인 역사를 200여 년 유지하다가 721년에 북왕국이 앗시리아에게 멸망당하고 말았다. 그 뒤로 유다는 홀로 남아 이스라엘을 대표하는 독립왕국으로 명맥을 유지하였다. 그러나 그로부터 다시 150여 년(정확하게는 134년)이 흐른 BC 586년 혹은 587년에 남왕국마저 바벨론에 패망함으로 사실상 이스라엘의 역사는 종지부를 찍게 되었다. 그러나 북왕국의 멸망은 앗시리아의 잔인한 이주정책으로 돌이킬 수 없는 멸망으로 이어졌지만 남왕국은 달랐다. 비록 남왕국의 수천 명의 지도급 인사들이 포로로 끌려갔지만 많은 수의 남은 사람들이 있어서 그나마 바벨론의 식민지로 명맥을 유지하다 바벨론이 페르시아에게 패망한 뒤인 BC 536년부터 귀향할 수 있었다.

짧게는 50년에서 길게는 70년 이상까지 이어진 이 바벨론 포로의 기간이 유다 민족에게는 자신들의 과오를 되돌아보는 중대한 계기가 되었다. 이 기간에 있었던 대각성으로 성경에 대한 절실한 필요를 깨닫게 되어 성경의 수집이 왕성하게 이루어졌고 동시에 예언자들의 어록에 대한 수집도 이루어졌으며, 여호와 하나님에 대한 신앙 국가의 모습이 확실하게 갖추어지는 계기가 되었던 것이다. 열왕기나 역대기 등의 역사성서들이 대부분 이 기간 이후에 기록되었으며 창세기를 비롯한 모세 5경의 위상도 이 기간을 통하여 보다 분명하게 확립되었다. 더불어 이 시기를 통하여 메시야에 대한 대망이 형성된 것도 아주 중요한 일이라고 할 수 있다.

유다가 이스라엘보다 150여 년 더 역사를 지탱할 수 있었던 것은 히스기야와 요시야와 같은 성군(聖君)들이 있었기 때문이다. 히스기야는 솔로몬 이후 각 지역에 들어서 있던 산당을 제거하고 우상을 훼파하였으며 하나님께로 돌아갈 것을 온 백성에게 호소한 임금이다. 북왕국이 멸망당할 바로 그 시점에 남왕국의 왕으로 있으면서 무자비한 앗시리아의 칼날 아래에서 유다를 구해내었던 위대한 임금이 히스기야이다. 이사야 선지자의 말씀을 청종하고 하나님께 기도한 히스기야의 신앙으로 앗시리아는 하룻밤에 알 수 없는 재앙으로 군사 18만 5천명이 죽고 도망을 치지 않을 수 없었다. 또한 히스기야가 불치병에 걸려 죽게 되었을 때에도 하나님께서는 그의 눈물의 기도를 들어주셔서 그의 목숨을 15년 더 연장시켜 주시기까지 하셨다. 또한 요시아 임금 역시 성군인데 성전을 보수하고 그 과정에서 찾아낸 율법책(아마도 신명기서일 것이다)을 바탕으로 온 백성의 회개를 종용하고 모든 우상을 멸하는 등, 종교개혁의 위대한 과업을 이루어 냈다. 그러나 히스기야의 아들인 므낫세를 비롯한 여러 왕들의 실정으로 유다 역시 멸망당하지 않을 수 없었음은 참 안타까운 일이다.

※ 남왕국의 연대기

1. 르호보암 (931~913) / 2. 아비얌 (913~910)
3. 아사 (910~869) / 4. 여호사밧 (872~848)
5. 요람 (848~841) / 6. 아하시야 (841)
7. 아달랴 (841~835) / 8. 요아스 (835~796)
9. 아마샤 (796~767) / 10. 아사랴(웃시야) (790~739)

11. 요담 (751~736) / 12. 아하스 (742~716)
13. 히스기야 (715~687) / 14. 므낫세 (687~642)
15. 아몬 (642~640) / 16. 요시야 (640~609)
17. 여호아하스 (609~608) / 18. 여호야김 (608~597)
19. 여호야긴 (597) / 20. 시드기야 (597~586)

⇒ 학자들 간에 몇몇 임금들의 제위 기간은 약간의 차이를 보이고 있다.

3. 생각해 볼 문제

1) 남왕국에는 어떤 예언자들이 있었는가?

– 이사야, 예레미야, 나훔, 하박국, 스바냐, 미가 등이 활동하였다. 특히 이사야는 히스기야의 시대에 많은 활동을 보였고 예레미야는 요시야의 개혁에 많은 공을 세웠다고 할 것이다. 하지만 열왕기나 역대기가 이들의 활동에 대한 큰 보고가 없는 것은 이들이 왕궁을 수호하고 제사장들을 보호하는 선지자가 아니라, 도리어 잘못을 지적하고 공격하는 이들이었기 때문일 것이다.

2) 이사야는 히스기야 때부터 바벨론 포로기가 끝나는 시간까지 예언하는데, 과연 그렇게 오랜 기간을 예언할 수 있었을까?

– 실제로 이사야가 활동을 한 시간은 BC 740~701년 그러니까 요담 임금 때부터 히스기야 때까지 예언한 것으로 보고 있다. 그러나 이사야서에는 분명 바벨론 포로기와 귀환까지 언급하고 있는데 이것은 이사야 선지자의 제자들이 이사야 선지자의 이름으로 예언한 성서들이 한데 통합되어 제2이사야(40~55장), 제3이사야(56~66장)가 합쳐진 것이다. 하지만 제2이사야와 제3이사야를 함께 묶기도 하는데 그러면 전체 성경이 가지는 모양, 즉 구약 39권 신약 27권의 모양을 그대

로 답습하여 전기 39장 후기 27장의 모습이 된다.

3) 예레미야가 눈물의 선지자로 불리는 이유는?

– 예레미야가 예언한 시기는 유다의 패망이 임박한 시기였다. 그는 40년 정도 예언하였는데 그간 5명의 왕이 뒤바뀌면서 마침내 유다 왕국마저 망하고 말았다. 결과적으로 예레미야는 멸망을 예언할 수밖에 없었는데, 그 예언의 내용이 너무나 참혹해서 늘 눈물을 흘리며 회개를 종용하고 멸망을 선포하였던 것이다. 그래서 그를 가리켜 눈물의 선지자라고 부르는 것이다.

성서와 역사 | 제15강

바벨론 포로기(The Exile)

1. 고대 근동의 제국들

고대 근동(Orient)은 이스라엘에서 북동쪽으로 약 1,500 Km 정도 되는 곳에 흐르는 두 강 곧 티그리스(Tigris)와 유프라테스(Euphrates)를 중심으로 형성된 메소포타미아 문명의 지역에서 일어났던 여러 개의 제국을 의미한다. 이 지역은 이른바 비옥한 초승달 지대(Fertile Crescent)라고 불리는 곳이기도 하다.

이 지역의 패권을 장악하고 최초의 제국을 세운 나라는 BC 700년을 전후하여 일어섰던 앗시리아(Assyria)이다. 그러나 BC 612년 신바벨론(新 Babilonia)과 메대(Media)의 연합군에 의하여 수도 니느웨가 함락되었다. 605년에 이집트와 연합하여 재기를 시도했지만 결국 '갈그미스(Carchemish) 전투'에서 완전히 몰락하고 말았다. 이어서 근동의 패권은 BC 625년에 일어선 신바벨론 제국으로 넘어가지만 이 역시 얼마 가지 못하고 539년 페르시아(Persia)에게 멸망당하고 말았다. 페르시아는 비교적 장시간 오리엔트의 패권을 장악하였는데 BC 330년 알렉산더가 이끄는 마케도니아(Macedonia)에게 멸망당할 때까지 이집트 및 바벨론, 메대를 다 정복하고 큰 제국을 이루었다. AD 3세기경에 간신히 독립하였지만 7세기 다시 아랍에게 정복당하고 그 뒤 몽고, 투르크(Turk, 터키) 등의 식민지로 있다가 1935

년 '이란'이라는 이름으로 다시 독립하였다. 그리고 알렉산더의 마케도니아 제국은 BC 146년 로마제국에 병합되고 말았다.

2. 바벨론 포로기

앗시리아의 멸망(BC 612~605)과 신바벨론의 등장, 그리고 이집트와 바벨론의 전쟁은 유다 왕국을 큰 혼란의 소용돌이로 몰아넣었다. 이 과정에서 유다는 인근의 암몬(요르단), 모압, 에돔 등과 연합전선을 구축하여 바벨론에 대항하기도 하였지만, 결국 바벨론에 투항하는 등 갈팡질팡하는 모습을 보이고 있었다. 그 결과 이집트가 강할 때에는 이집트의 압제를 받고, 바벨론이 이집트를 꺾고 일어서자 바벨론의 침공으로 멸망과 포로기를 겪게 되었다. 바벨론에 포로로 끌려간 이스라엘 백성은 3차에 걸쳐 총 4,600명에 달하는 것으로 보인다. 바벨론의 이스라엘 침공은 총 3차에 걸쳐 이루어졌다.

1) 제 1차 침공 및 포수(捕囚) – BC 605 년

예루살렘이 함락되어 임금 여호야긴이 즉위 2, 3개월 만에 많은 백성과 함께 포로로 끌려가고 선지자 에스겔과 다니엘도 함께 끌려가게 되었던 사건으로 바벨론은 이 때에 시드기야를 왕으로 세웠다. 결과적으로 시드기야는 바벨론의 봉신(封臣)왕이 되었던 것이다.

2) 제 2차 침공 – BC 587 년 : 이스라엘의 멸망

친 이집트 파가 득세하여 주변의 몇 개국이 연합하여 반 바벨론 운동을 벌이다가 다시 바벨론의 침공을 받게 되었던 사건으로 시드기야는 처참한 모습이 되어 포수 되었고, 예루살렘은 철저히 궤멸되었다. 바벨론은 이제 유다에 왕 대신에 총독을 세우게 되었는데 바로 그달리아(Gealiah)였다. 그달리아는 선지자 예레미야와 함께 무너진 다윗 왕국의 재건을 위하여 최선을 다하였다. 그러나 친 이집트 파인 이스마엘의 반란으로 살해되고 두 달 뒤 바벨론을 두려워한 이스마엘은 선지자 예레미야를 끌고 이집트로 투항하였다. 예레미야는 결국 이집트에서 소천하였다.

3) 제 3차 침공 – BC 582 년

이러한 거듭된 독립운동에 자극받은 바벨론이 다시 쳐들어와 745명을 포로로 끌고 간 사건.

바벨론에 끌려간 유대인들은 대부분 그발(Kebar) 강가에 거주하게 되었다. 그곳의 정확한 위치는 확인하기 어렵지만 대게 유브라데 강 하류의 운하쪽으로 생각된다. 포로기의 생활은 아주 고달프기만 한 것은 아니었다. 일부는 정치 활동에 참여하기도 하였고 상업 활동에 종사하는 사람들도 있었다. 이 기간을 통하여 유대인들은 전 세계로 퍼져나가 특히 상업에 탁월한 재주를 보이게 되었는데 그들을 가리켜 디아스포라(Diaspora)라고 부른다. 실제로 그들의 삶이 어떠했는지 분명하게 알 수는 없지만 일부는 노역을, 또 일부는 상업을 하였을 것이며, 그중에는 많은 재산을 모은 이들도 있었다. 또한 예루살렘과의 연락도 비교적 자유롭게 할 수 있었으며 금전을 보내줄 수도 있었다. 종교의 자유도 일정 부분 허용되어 예루살렘을 향하여 기도할 수도 있었다. 그들 중 아예 그곳에 정착한 사람들도 있어서 후에 귀환해도 좋다는 허가가 떨어졌을 때에도 바벨론에 그냥 남겠다고 하였던 사람이 있었을 정도였다.

하지만 정신적인 충격은 대단한 것이었다. 성전이 무너지고 왕국이 멸망당하였기 때문에 하나님의 백성이라는 선민사상에 큰 충격이 가해진 것은 분명한 사실이었던 것이다. 이제 성전 대신에 회당(Synagogue)을 짓고 또한 성경 수집에 심혈을 기울이는 등 고난과 어려움을 이기기 위하여 많은 노력을 기울였다.

3. 생각해 볼 문제

1) 바벨론 포로기간을 70년이라고 하는 이유는?

– 유다가 바벨론에 포로로 끌려간 것은 총 3차에 걸쳐 진행된 것으로 BC 605년, 597년, 586년에 나누어 진행되었다. 그리고 페르시아왕 고레스(Cyrus)가 귀환 허가를 내린 것은 BC 539년이다. 따라서 최초의 포로인 605년에서 539년까지 총 66년간의 기간이 해당되지만, 예레미야의 예언에 따라 이 기간을 70년으로 계산하곤 하였다. 이것은 BC 586년에 파괴된 성전이 516년에 복원된 것을 가리키는 말로 보기도 하는데 그렇다면 꼭 70년이 되는 것이다.

※ (렘 25:12) 여호와의 말씀이니라. 칠십 년이 끝나면 내가 바벨론의 왕과 그의 나라와 갈대아인의 땅을 그 죄악으로 말미암아 벌하여 영원히 폐허가 되게 하되...
(렘 29:10) 여호와께서 이와 같이 말씀하시니라 바벨론에서 칠십 년이 차면 내가 너희를 돌보고 나의 선한 말을 너희에게 성취하여 너희를 이 곳으로 돌아오게 하리라
(대하 36:21) 이에 토지가 황폐하여 땅이 안식년을 누림 같이 안식하여 칠십 년을 지냈으니 여호와께서 예레미야의 입으로 하신 말씀이 이루어졌더라

2) 이사야는 고레스를 기름 부은 종(메시야)라고 부르는데 그것이 과연 합당한 말인가?

– 이사야 45:1에 보면 "여호와께서 그의 기름 부음을 받은 고레스에게 이같이 말씀하시되..."라는 구절이 나온다. 하지만 그가 하나님을 믿었다는 것은 어떠한 역사적 자료에서도 찾아볼 수 없다. 따라서 이 말씀은 하나님께서 하나님 백성의 구원을 위한 도구로 페르시아의 군주를 선택하셨다는 의미로 받아들여야 할 것이

다. 이 점에서 볼 때, 하나님께서는 성도들만이 아니라 이 세상의 모든 사람들, 나아가서 모든 피조물을 주관하시고 인도하시며 사용하신다는 사실을 깨닫게 된다. 그러나 고레스 자체가 메시아가 되는 것은 물론 아니다. 메시아는 오직 예수 그리스도이실 뿐이다. 다만 고레스가 당대에 메시야의 역할을 감당하는 사람으로, 곧 기름 부은 종으로 쓰임을 받았다는 뜻이다.

성서와 역사 | 第16강

포로귀환과 대각성

1. 사마리아(Samaria, 쇼므론–שֹׁמְרוֹן)

사마리아는 북왕국의 임금 오므리 시대에 건설된 북왕국 이스라엘의 수도다. 그러나 BC 720년 앗시리아에 의하여 사마리아와 이스라엘 왕국은 더 이상 돌이킬 수 없는 지경으로 황폐화되었다. 그곳에 살던 10개 지파의 이스라엘 백성들은 대부분 강제 이주되어 이방 땅으로 쫓겨났고, 사마리아에는 이방의 다른 민족들이 대거 유입되었다. 그 결과 사마리아와 북왕국의 영토는 민족적 혈통이 완전히 무너지고 말았다.

설상가상으로 백여 년 뒤에는 남왕국 유다마저 바벨론의 침공으로 무너지고 유다의 백성 대다수가 포로로 사로잡혀 바벨론으로 끌려갔다. 다행히 바벨론은 그 땅에 다른 민족들을 이주시키지는 않았는데, 그 빈자리에는 소수의 남은 자들이 있었고, 많은 사마리아의 사람들이 이주해서 살기 시작했다. 그런데 바벨론이 망하고 페르시아 제국이 들어선 후에 바벨론에 끌려갔던 유다 민족들의 귀환이 시작되었다. 그러한 이유로 남왕국에 이주해 살던 사마리아 사람들과 돌아온 유다 민족 사이에는 많은 충돌과 갈등이 있을 수밖에 없었다.

더구나 총독 스룹바벨(Zerrubbabel)의 지도 아래 성전이 건축될 때, 사마리아 사람들이 함께 참여하고 싶어했지만 스룹바벨은 이를 거절했다. 그러자 사마리아 사람들이 조직적으로 성전건축을 방해하기 시작했다. 이러한 반목과 갈등이 계속 이어져 느헤미야가 예루살렘을 재건하려고 할 때는 침략의 위협을 가하는 지경에 이르렀고 사마리아 사람들은 '그리심산(Gerizim Mt)'에 자신들의 성전을 독자적으로 세웠으며 성경도 오직 오경만을 인정하는 등, 유대와 사마리아는 점차 적(敵)으로 변해갔다.

2. 포로귀환과 대각성

70년에 걸친 바벨론 포로기는 선민사상에 심각한 손상을 입혔다. 계약(契約) 신앙을 중심으로 구성된 구약성경의 말씀은 징계와 함께 그 계약이 깨어지는 것이다. 따라서 하나님께 징계를 받은 이스라엘은 이제 더 이상 언약 백성이 될 수 없었던 것이다. 이러한 자각은 하나님께 회개하고 계약을 갱신하는 것이 필요함을 깨닫게 하였다. 이에 많은 예언자들이 하나님의 사랑을 선포하며 무너진 계약을 갱신하기 위해 노력했다.

바벨론 포로기를 거치면서 이스라엘 백성들에게는 몇 가지 중대한 변화가 나타났다. 우선 성전 중심 신앙에서, 성경 중심의 신앙으로 나아가게 되었다. 오경 또는 육경(五經, 토라-창,출,레,민,신 그리고 여호수아)에 대한 수집과 이스라엘 역사의 정리(사사기~열왕기), 그리고 예언서들의 수집 등이 이 시기에 본격적으로 이루어졌다. 물론 성경이 이때서야 비로소 쓰여졌다는 것은 아니다. 이미 전해져오던 성경 말씀들이 본격적으로 수집되고, 또 성전을 대신하여 무한한 권위가 성경 말씀에 주어지게 되었다는 것이다. 이러한 대각성의 선두에는 에스라(Ezra)와 같은 위대한 서기관이 있었으며 학개(Haggai), 스가랴(Zechariah), 말라기(Malachi)와 같은 예언자들이 힘을 보탰다. 또한 탁월한 지도자였던 스룹바벨(Zerrubbabel)과 느헤미야(Nehemiah)의 역할도 지대하였다.

대각성은 성경의 수집뿐 아니라 안식일의 엄격한 준수도 요구하였다. 안식일에는 장사를 금하였고 성문을 굳게 닫는 등의 조치들이 에스라와 느헤미야의 가르침 아래 준행되었다. 더불어 혈통의 순수성을 유지하기 위하여 할례를 더욱 강조하였는데, 에스라는 이미 이방 여인들과 결혼하여 자녀를 두었을지라도 모두 이혼하고 그들을 추방하지 않으면 한민족으로 인정하지 않는다고 선포할 정도였다.

오늘날 유대교라고 부르는 신앙은 포로기와 그 후 귀환해서 성전을 재건하고 다시 예루살렘 성벽을 재건하는 과정에서 이루어진 것이라고 할 수 있다. 그 이전의 사사 시대와 왕국 시대의 기간은 신앙공동체라기 보다는 민족공동체로 형성되던 시기였고, 고난을 겪으면서 비로소 신앙공동체로 형성된 것이라고 보아야 할 것이다. 그러나 이 과정이 순탄하였던 것은 아니다. 꿈을 안고 수차에 나누어 귀환한 백성들은 일차적으로 가난과 반목에 시달려야만 하였다. 예루살렘과 유대는 이미 앗시리아가 이주시킨 사마리아 사람들과 바벨론의 포로로 끌려가지 않았던 '남은 자(Remnant)'들이 차지하고 있었는데 그들은 결코 귀환한 사람들을 환영하지 않았기 때문이다. 이에 성전의 재건도 14년간이나 벽에 부딪혀야 했고, 페르시아의 지원도 생각만큼 원활하게 이루어지지 않았다. 이런 고난의 시간을 거치면서 스룹바벨과 학개, 스가랴, 그리고 에스라와 느헤미야, 말라기 선지자가 눈물겨운 노력을 하였는데 그 결과 성전도 재건되었고 예루살렘도 재건된 것이다.

포로기의 동안 눈물을 곱씹으면서 신앙의 순수성을 지켜낸 이스라엘 백성들은 다시 고향의 냉대와 가난, 그리고 두려움 속에서 그 신앙의 불꽃을 피워내지 않으면 안 되었던 것이다. 그런 고통 속에서 비로소 아름다운 유대교의 신앙이 탄생한 것이라고 하겠다. 하지만 시간이 흐르면서 그 신앙은 지나치게 완고한 모습으로 굳어져 갔고, 또 신앙이 율법학사나 제사장 중심의 고학력, 고소득층의 이익을 대변하는 것으로 흘러 가버려 하나님의 아들 예수께서 세상에 오셨을 때에도 그를 알아보지 못하고 도리어 십자가에 못 박아 버렸다는 것은 정말로 안타까운 일이라고 아니할 수 없을 것이다.

3. 생각해 볼 문제

1) 포로귀환 이후 유다는 왜 왕국으로 발전하지 못하였는가?

– 엄밀한 의미에서 다윗의 왕조는 여호야긴과 시드기야를 끝으로 종말을 고하였다고 보아야 할 것이다. 그 뒤 고레스의 귀환 허락으로 여호야긴의 손자인 '스룹바벨(Zerubbabel–바벨론의 후손)'이 총독으로 임명되었다. 그러나 그는 총독이었을 뿐 왕이었던 것이 아니다. 그 이후 역사는 얼마간 공백기를 보이다 느헤미야가 다시 총독으로 등장한 뒤에 신구약 중간기로 들어간다. 그 기간에는 마카비(하스몬) 왕조가 있었지만 다윗의 혈통을 이은 왕조라고 말할 수는 없다.

2) 제 2 성전에 대하여 자세하게 알려진 것은 없는가?

– BC 537년 큰 꿈을 가지고 건설되기 시작했던 성전은 사마리아의 방해 등의 문제로 14년간 중단되었다. 그 뒤 총독 스룹바벨과 선지자 학개, 스가랴의 독려로 520년에 제2 성전이 완공되었다. 이 성전은 솔로몬이 지었던 성전과 같은 크기, 같은 설계, 같은 양식으로 세워졌지만 성전의 기구들은 전과 같지 않았던 것으로 보인다. 또 이전 성전의 권위가 왕들에게 주어져 있었다면, 이제부터의 성전은 제사장 중심으로 구성되었다는 것이 다르다고 하겠다. 그러나 BC 167년 안티오커스 에피파네스(Antiochus 4세–BC175~163, 안티오커스란 '대적자'란 뜻)가 3년간 성전을 모독하였다는 것 말고는 이 성전에 대하여 자세하게 알려진 바가 없

어 참으로 안타깝기 그지없다.

성서와 역사 | 제17강

신구약 중간사(中間史)

1. 외경(外經, Apocrypha)과 위경(僞經, Pseudepigrapha)

구약성서의 대부분은 포로기 전후에 써진 것이다. 그러나 그 이후(BC 2세기~AD 1세기)에도 많은 문서들이 쓰여졌다. 최초의 구약성서 헬라어 번역본인 70인역(LXX)에는 많은 외경들이 포함되어 있었으며 그중에 어떤 책은 정경에 준하는 가치를 지닌 것으로 생각되기도 하였지만, 어떤 책들은 전혀 가치 없는 책으로 생각되기도 하였다. 그중에 정경에 상응하는 대우를 받은 구약의 문서들을 가리켜 외경이라고 부른다. 카톨릭에서는 종교개혁 이후인 1546년 트랜트(Trent)회의에서 몇 권의 외경들을 정경으로 인정하고 받아들였다. 하지만 개신교는 1643년의 웨스트민스터 신앙고백에서 외경을 거부한 이후 외경이 성경에 들어오지 못했다.

– 카톨릭과 정교회에서는 인정하는 외경

: 토비트, 유딧, 에스델(에스더 첨가서), 지혜서, 집회서, 바룩, 다니엘 속편(세 아이의 노래, 수산나, 벨과 뱀), 마카베오 상하 – 이상의 책들은 공동번역 성서에 있는 것이다.

– 그 밖의 구약 외경 : 에스드라 상하, 아자리아의 기도, 므낫세 기도서, 솔로

몬의 지혜서 등

그 외에도 신약의 외경들이 다수 존재하지만 기독교의 어떤 종파도 정경으로 인정하지 않는다.

외경보다도 더욱 가치가 떨어지는 문서들을 위경이라고 부른다.

– 신약의 외경 중 대표적인 것

: 베드로의 묵시, 바울행전, 무라토리 단편, 요한 외경, 이집트인의 복음, 베드로 복음, 진리의 복음, 도마복음, 빌립의 복음, 유년기 복음서, 안드레 행전, 도마의 행전 등 그 수를 헤아리기 어려울 만큼 많이 있다. 또한 최근에 들어서서까지도 많은 외경들이 등장하고 있는데 '그리스도의 알려지지 않은 생애', '아쿠아리스 복음서', '빌라도의 보고서', '사도행전 29장' 등이 그것이다.

– 위경의 대표적인 것

: 아브라함의 언약, 아담 묵시록, 에녹서, 이사야의 순교와 승천, 예레미야의 예언 등 다수.

2. 신구약 중간사

구약성경은 말라기서에서 끝나고 신약은 마태복음에서 시작한다. 그런데 말라기 선지자로부터 신약성경의 최초 인물인 세례요한까지는 약 4백 년 정도의 간격이 있다. 그 기간을 신구약 중간기라 한다. 이 기간에도 이스라엘에는 많은 일들이 있었다. 우선 페르시아의 식민지로 전락한 이스라엘은 페르시아가 마케도니아의 알렉산더에게 항복하기까지 150여 년 동안 페르시아에서 인정한 총독의 통치를 받았다. 페르시아는 총독의 직위를 유대인들이 익숙하게 받아들일 수 있도록 대제사장직으로 대체시켰다. 따라서 이 기간의 대제사장은 정치적인 인물이 세워질 수밖에 없었다.

페르시아가 알렉산더에게 패한 이후부터 큰 변화가 나타났다. 인도의 편잡 지방까지 정복한 알렉산더는 헬레니즘(Hellenism) 문화를 곳곳에 심었으며 유대 나라도 여기서 제외되지 않았다. 알렉산더가 33세의 나이로 요절한 후 그의 방대한 왕국은 사분되었다. 그중 유대를 지배한 것은 이집트를 차지한 프톨레미(Ptolemies) 왕조였다. 그러나 알렉산더가 죽었다고는 하여도 헬레니즘 문화는 아직 강하게 남아있어서 유대 역시 헬라 문화의 영향으로 원형경기장이 세워지고 연극이 공연되었으며 헬라식 이름과 헬라어가 쓰이게 되었다.

그 후 시리아를 차지하였던 셀류커스(Selucus) 왕조가 이집트와의 전쟁에서 승리한 후부터는 시리아의 통치를 받았다. 그러자 유대인들 중에는 뇌물을 주고 대제사장 자리를 차지하는 사람들이 나오게 되었는데, 그 이유로 대제사장의 직분은 더 이상 종교적인 자리가 아니라 완전히 정치적인 자리가 되고 말았다. 이 와중에서 암투가 벌어지다 급기야 셀류커스 왕조의 심기를 건드리는 사건이 일어났다. 그러자 BC 168년 시리아 군의 '안티오커스 에피파네스 4세'가 예루살렘을 침공하고 성전을 3년 반 동안 더럽혔다. 그 이유는 유대교를 헬라 문화 속에 병합하여 성전에서 제우스에게 제사를 지내게 하기 위함이었다. 이 기간 성경은 금서가 되었고 성전에서는 이방신에게 돼지고기를 가지고 제사를 지내게 되었다. 더욱 안타까운 것은 이 일에 제사장들이 앞장섰다는 것이다.

그러나 제사장 맛다디아(Mattathias)는 우상숭배를 거절하고 아들들과 함께 도망을 쳤다. 그의 아들들은 아주 용맹한 사람들이었는데 현실에 불만을 품고 있던 수많은 유대인들이 그들과 합세하여 봉기하게 되었다. 맛다디아의 아들 중 세

명이 연이어 봉기를 주도하였다. 그 형제들의 이름은 유다(BC 166~160), 요나단(BC 160~143), 시몬(BC 142~134) 인데 유다의 별명이었던 마카비(Maccabee, 쇠망치) 형제라고 불렸다. 그들 형제의 혁명으로 성전이 정화되었다. 이것을 마카비 혁명이라고 부르며 마카비 형제들 중 시몬이 대제사장에 임명되었고 그 후손들이 하스몬(Hasmon) 왕조를 열였다. 하스몬 왕조는 70년 정도를 통치하면서 다윗의 영화를 회복하는 듯 하다가 로마의 침공으로 유대 나라는 다시 식민지로 전락하고 말았다.

신구약 중간기를 거치면서 거센 헬레니즘의 도전 앞에 유대민족은 두 가지 양상을 보였다. 첫째는 율법의 고수를 천명한 것인데, 그러한 사상을 지닌 완고한 사상가들이 모여 바리새인(Pharisees, 분리된 자들)이라는 신종 율법학자들이 되었다. 그들은 문자적으로 철저하게 안식일을 비롯한 각종 율법을 지키고 서기관 곧 학자들을 배출하면서 이 시기를 이끌었다. 두 번째 그룹은 정치인이었던 제사장들과 귀족들이 모여 형성한 것인데 사두개인(Sadduceees)이다. 그들은 친헬라 성향을 지닌 사람들로 부활도, 영도, 천사도 믿지 않았던 사람들이다. 율법에는 관심이 없고 그저 성전을 관리하고 의식을 집행하면서 부와 권세를 누리던 자들이었다. 이 밖에도 광야에 은둔하며 수도하였던 에세네파(Essenes)가 있었다.

3. 생각해 볼 문제

말라기 선지자 이후 세례 요한이 등장하기까지의 3, 4백 년간 이스라엘에 선지자가 없었던 이유는?

– 말라기 선지자나 서기관 에스라가 활동하던 시기는 BC 430년경이고 세례 요한은 AD 28년 경에 활동을 시작한 것으로 보인다. 그렇다면 선지자가 활동하지 않은 기간이 장장 400년이나 된다. 하지만 이 문제는 반대로, 이스라엘의 역

사에서 선지자들이 어느 시기에 활동한 것인가를 생각하는 것이 더 옳다고 하겠다. 선지자가 주로 활동하였던 시기는 최초의 선지자를 누구로 생각하는가에 따라 달라진다. 고전적으로 모세나 아브라함을 생각한다면 아주 멀리 잡아야 하지만 실제적으로는 왕국의 분열 이후로 보는 것이 타당하다. 즉 엘리야를 선두로 보면 그들의 활동 시기는 BC 800년경에 시작해서 BC 400년경까지 활동한 것이다. 다시 말해서 선지자들의 활동 시기는 이스라엘 역사의 분열 시대, 이제 멸망의 기로에 서 있던 가장 중요한 시기, 그리고 성경이 제 모습을 갖추기 직전까지 활동한 것이라고 볼 수 있다.

성서와 역사 | 제18강

예수님의 시대

1. 유대의 분파(The Jewish sects)

①. 바리새인(Pharisees, 분리된 자들)

신구약 중간기를 거치면서 밀려들기 시작한 헬레니즘 문화에 맞서 율법의 순수성을 고수하려던 사람들로 주로 회당을 중심으로 활동하였다. 대부분의 서기관을 배출하면서 성서를 옹호하고 신앙을 지켜냈지만 지나친 형식주의에 치우쳐 버리고 말았다.

②. 사두개인(Sadduceees)

제사장들을 비롯한 부자, 정치가들이 주 구성원들인 사두개인들은 헬레니즘과 로마에 타협한 사람들이었다. 바리새인들이 회당을 중심으로 활동한 반면에 이들은 성전을 중심으로 하고 있었으며 심판은 물론이고 천국과 지옥도 믿지 않았던 사람들로 오직 모세오경(토라)만을 인정하였다.

③. 에세네파(Essenes)

사해의 서쪽 해안에 은둔하던 약 4,000명 정도의 사람들로 엄격한 고행 생활을 하며 광야를 떠나지 않았던 사람들이다. 이들은 바리새인들보다도 더 엄격하게 토라를 해석하였다.

④. 열심당(Zealots)

자칭 마카비의 후예라는 사람들로 죽음을 두려워하지 않고 자유를 위해서는 폭력도 불사하던 사람들로 게릴라와 같은 방식으로 흩어져 살았던 사람들이다.

⇒ 당시 유대의 총 인구는 5, 60만 명 정도였는데 이 중 바리새인은 약 5% (2만 5천 명), 그리고 사두개인이나 에세네파 등은 다 합쳐도 2% (1만 명 정도)에 불과하였다.

2. 예수님의 시대

예수님이 세상에 오시기 얼마 전에 중동지역은 로마라는 거대한 제국의 말발굽 아래 점령되었다. 간신히 명맥을 유지하던 유대의 하스몬 왕조 역시 로마의 침공으로 BC 63년에 종말을 고하였고 친로마 성향을 가지고 있던 '안티파터(Antipater)'는 많은 세금을 거두어들여 로마에 상납한 뒤 로마의 시민권을 획득하고 총독이 되었다. 그에게는 두 아들이 있었는데 '파사엘'과 '헤롯(Herod)'이다. B.C. 37년에 헤롯은 로마의 황제 안토니(Antony)에 의해 유대의 왕으로 임명되어 B.C. 4년까지 유대를 통치하였다. 이 사람이 바로 헤롯 대왕이라 불리는 사람이다. 그는 유대인들의 환심을 사기 위해서 B.C. 20년부터 성전을 헬라적 양식으로 재건하기 시작하였으며, 또한 곳곳에 헬라 문화를 심기 위하여 많은 수고를 기울였다. 그래서 그를 "헬레니즘의 수호신"이라고 부르기까지 한다. 평생직으로 세습되던 대제사장을 왕이 임명하도록 한 것도 그의 작품이다. 예수님께서 태어나실 때에 동방박사의 방문을 받았던 것도 이 사람이고, 영아들을 살해한 것도 이 사람이다. 예루살렘과 이스라엘 곳곳에 많은 이교 신전을 세운 것도 또 거대한 건물들을 신축한 것도 바로 이 헤롯 대왕이 한 일이다. 그에게는 열 명의 아내와 많은 아들이 있었지만 대부분 그에게 살해당했다.

B.C. 4년 헤롯 대왕의 죽음 이후에 이스라엘에서는 많은 봉기가 일어났는데 그러자 로마는 헤롯의 아들이나 손자들을 분봉왕(Tetrarch-領主)으로 임명하고 직접 총독을 보내 이스라엘을 통치하기 시작하였다. 예수님께서 생존해 계실 때의 임금은 헤롯 대왕의 아들인 '헤롯 안디바'(Herod antipas)였는데, 그는 갈릴리 지역의 분봉왕으로 동생 빌립의 아내였던 헤로디아(Herodia)를 빼앗고 딸 살로메(Salome)의 청으로 세례 요한을 처형한 인물이다.

예수님 당시의 상황은 이러한 대립이 일촉즉발의 상황으로 아주 위험한 시기였다. 헬레니즘과 유대주의의 갈등이 표면화되었던 시기였던 것이다. 바리새인과 사두개인의 대립, 민족주의와 식민사상의 대립, 그리고 통치자들 역시 헤롯 분봉왕과 산헤드린(Sanhedrin) 공의회, 그리고 총독을 중심으로 한 로마 권력의 대립으로 첨예한 위기상황을 이었던 것이다. 곳곳에서 민중봉기가 일어났고, 그때마다 로마는 잔인하게 탄압의 고삐를 늦추지 않았다. 십자가 처형도 그 일환으로 정치적 봉기자들에게 가한 잔인한 형벌이었다.

총 50만 명에서 60만 명 정도였던 유대인은 과중한 세금과 이유 여하를 불문하고 강제징집해 가는 노동력 동원 등으로 날이 가면 갈수록 피폐해지고 있었다. 그러나 정치인들이나 종교인들은 자신들의 이익을 지키기에만 급급하였을 뿐, 민중의 고통을 외면하였고 결국 AD 70년에 이스라엘 역사의 종지부가 찍히고 말았다.

3. 생각해 볼 문제

1) 사마리아와 유대의 적대감 속에서도 유독 갈릴리 지방만은 유대로 인정되는 이유는?

– 갈릴리(Galilee)는 본래 북왕국의 영토로 앗시리아의 침공과 이주 정책으로 사마리아와 함께 폐허가 되었던 땅이다. 하지만 마카비 혁명이 일어나면서 BC 165년경 시몬 마카비가 정책적으로 유대인들을 다시 갈릴리에 이주시켰다. 이것은 갈릴리가 혁명과 전쟁에 유리한 위치를 점하고 있었기 때문이다. BC 4년에 헤롯 대왕이 죽고 나자 후계자인 헤롯 안디바(Herod Antipas)는 갈릴리 호수 서쪽 해안에 있었던 디베랴(Tiberias)에 수도를 정하였다(디베랴라는 이름은 로마 황제 티베리우스–Tiberius의 이름에서 기인된 것이다). 헤롯이 예루살렘을 떠나 변방인 갈릴리 지방에 수도를 정하게 된 것은 예루살렘은 이미 로마 총독의 권한으로 위임되었고 자신은 분봉왕으로 겨우 갈릴리와 베레아(Perea) 지역을 통치하게 되었기 때문이다. 비록 갈릴리가 사마리아와는 다르게 유대 지역으로 인정되었다고는 하여도 전통적으로 동떨어진 시골로 도무지 선한 것이 날 수 없는(요 1:46) 천한 곳으로 인식되고 있었다. 예수님께서 빌라도(Pontius Pilate, 26~36년)에게 재판을 받으실 때 빌라도가 예수님을 다시 헤롯에게 보낸 것은 예수님이 갈릴리 출신이고 갈릴리는 헤롯의 관할이었기 때문이다. 하지만 헤롯은 다시 예수님을 빌라도에 보냈다.

2) 산헤드린 공의회의 역할은?

– 산헤드린(Sanhedrin–함께 앉다)은 예루살렘에 있었던 유대인 최고의 중앙재판소다. 모두 71명의 의원이 있었으며 대제사장이 의장이었다. 주구성원은 제사장 계열의 사두개인들과 서기관 계열의 바리새인으로 이루어져 있었으며 신구약 중간사를 거치면서 기능이 강화되었다. 로마의 침공 이후에는 권한이 많이 축소되어 하급심만을 취급하였다.

3) 헤롯 대왕은 BC 4년에 죽었다. 그렇다면 예수께서 태어나신 것은 AD 1년이 될 수 없는 것이 아닌가?

– 그렇다. 연대계산의 착오로 예수님의 탄생 연도를 착각한 결과다. 따라서 예수님께서 태어나신 연도는 분명 B.C. 4년 이전이 틀림없다. 또한 성탄절이 12월 25일이라는 것도 후대에 추정한 날짜일 뿐 정확한 것은 아니다. 그리고 예수께서 십자가를 지신 기간은 빌라도의 통치 기간인 26년에서 36년 사이에 일어난 일이다. 성경만 가지고는 정확한 예수님의 활동시간을 유추할 수 없지만 전통적으로 누가복음 3:23에 의거해서 30세에 공생애를 시작하시고 유월절을 세 번 보내셨다는 요한복음의 기록으로 3년간 활동하시다 A.D. 29년경에 십자가를 지셨다고 본다.

성서와 역사 | 제19강

이스라엘의 멸망

1. 메시야(Messiah, 마쉬아흐–מָשִׁיחַ : 기름 부음을 받은 자 – 그리스도 : Xristos)

기름 부음을 받는다는 것은 아론의 아들들 그리고 사울과 다윗 등 왕에게 주어졌던 영광스러운 일이었다. 이것은 하나님께 특별한 선택을 받는 것을 의미하는 것이다. 왕국의 분열 이후 대두되기 시작한 이스라엘의 범죄와 타락은 예언자들로 하여금 하나님의 심판과 이스라엘의 종말을 선포할 수밖에 없게 하였다. 하지만 종말은 영원한 끝이 아니라고 믿었다. 왜냐면 하나님은 종말의 순간에 메시아 곧 하나님의 아들을 보내 이스라엘을 다시 회복시켜 주실 것이기 때문이다. 대다수 예언자들은 이러한 메시아의 도래와 새로운 시대를 예언하였다. 메시아는 이스라엘의 황금기인 다윗의 시대를 재현시켜줄 분으로 여겨졌다. 메시아라는 말의 문자적 의미는 '기름 부음을 받은 사람'이라는 뜻이다. 메시아를 헬라어로 번역한 단어가 그리스도다. 그분은 하나님의 특별한 선택을 받은 분으로 이스라엘의 영광을 회복시켜 줄 하나님의 아들이신 거다. 다니엘 선지자는 메시아를 하늘에서 구름을 타고 내려와 영원한 나라를 회복시켜 줄 인자(人子) 곧 사람의 아들이라고 표현했다(단 7:13~14). 사람의 아들(벤아담:בן–אדם)이라는 뜻은 '하나님이 세우신 사람'이라는 뜻이다. 아들을 의미하는 '벤'은 세운다는 뜻으로도 사용되는 말이기 때문이다. 예수님은 스스로 당신을 인자로 지칭하셨다.

2. 이스라엘의 멸망

로마는 이스라엘에 총독을 파견하여 다스렸다. 빌라도가 5대 총독이었고, 그 뒤를 이어서 벨릭스(Antonius Felix, 52년경 로마의 4대 황제 Claudius가 임명)와 베스도(Forcius Festus, 58년경 네로 황제가 임명)가 자리를 대신하였다. 하지만 총독은 결코 이스라엘을 돕는 사람이 아니었다. 로마의 2대 황제인 디베랴(Tiberius)는 총독을 자주 바꾸지 않았는데 그 이유는 '아픈 사람의 상처에 앉아 피를 빨아먹는 파리는 점차 그것에 만족을 하지만, 만일 이 파리를 쫓아내면 새로운 파리 떼가 몰려들어 더 극성을 부리게 된다'는 것이었다. 총독의 착취가 얼마나 심했는가를 보여주는 좋은 설명인 셈이다. 이러한 로마의 착취 곧 과중한 세금은 백성들에게 가혹한 통치에 대한 반발을 불러일으켰다. 더구나 이스라엘 경내에 점차 이방인의 숫자가 늘어나면서 그들이 유대인보다 더 많은 권익을 누리게 되었는데 이 또한 불만의 원인이 되었다. 또한 하스몬 왕조 말기부터 싹트기 시작한 메시아사상이 절정에 이르러 이방인의 압제에서 이스라엘을 구하고 메시아가 통치하는 왕국을 고대하는 이들이 늘어나기 시작했다. 그즈음에 로마는 빈번한 황제의 교체로 혼란을 겪고 있었다.

주후 66년에 가이사랴에서 헬라인과 동등한 권리를 요구하는 유대인들의 반란으로 로마의 잔인한 탄압을 받았다. 하지만 반란은 가라앉지 않고 갈릴리 지역으로 번져 갔다. 이 반란을 진압하기 위하여 '베스파시안' 장군이 갈릴리로 진격하자, 갈릴리의 철통같은 요새 '요타파타'가 무너졌다. 이때 반란군의 사령관이던 요세푸스(Josephus)도 포로로 잡히고, 나중에는 로마의 편에서 『유대인 전쟁사』를 기록하였다. 추종자들에 의해 황제로 추대된 베스파시안이 로마로 떠나자(AD 69), 그의 아들 티투스(Titus) 장군이 예루살렘을 공격하였다. 불행하게도 유대 반란군은 단일한 지도체제를 유지하지 못했다. 기스갈라의 요한, 시몬, 시몬 바르

기오라를 지도자로 한 반란군은 예루살렘에서 로마군과 맞서 싸웠으나 결국 주후 70년 예루살렘은 성전과 함께 파괴된다. 이때에 도망친 일부 유대인이 끝까지 버티며 73년까지 '마사다(Massada) 요새'에서 로마군과 대항했지만 3년 만에 집단 자결로 끝을 맺었다. 이때부터 유대인의 기나긴 2천 년의 방랑길이 시작되었다. 성전이 파괴되고 60여 년이 지나도록 이스라엘 회복에 대한 꿈은 계속 사라지지 않았다. '별의 아들'이라는 뜻의 '바르 코크바(Simon bar Kokhba)'를 중심으로 로마에 대한 반란이 132년에 시작되었다. 이 기간에 '예루살렘의 해방' '이스라엘의 구속'이라고 히브리어로 쓴 동전이 발행되기도 하였다. 하지만 반란의 결과는 참혹했다. 유대인의 마을은 무참히 파괴되었고 많은 이들이 살해되거나 노예로 끌려갔다. 예루살렘은 알리아 카피톨리나(Aelia Capitolina)라는 새 이름으로 불리었다. 예루살렘에는 유대인 거주가 금지되었으며 오직 성전 파괴일(아브월 9일)에만 단 하루의 방문이 허락되었다.

하드리안 황제는 지금까지 유다로 부르던 이스라엘의 이름을 '시리아 - 팔레스티나'로 바꾸었다. 더 이상 유대인이 이 땅에 대한 애착을 갖지 못하도록 한 조치였고, 이후로 이 땅은 이스라엘이나 유대가 아니라 팔레스타인이라고 불리게 된다. 팔레스타인(Palestine)이라는 말의 의미는 이스라엘의 원수 나라인 블레셋을 지칭하는 말인데, 블레셋은 이미 다윗의 시대에 멸망했지만 유대인을 모욕하는 의미로 가나안을 팔레스타인이라고 부르게 한 것이다.

유대인의 구심점이던 성전이 파괴된 후 사두개파와 에세네파는 사라지고 오직 바리새파만이 남았다. 바리새인들 곧 랍비라 불리는 그들은 모세오경인 토라(Tora)를 중심으로 유대 사상을 지켜나가기 시작했다. 율법을 전문적으로 공부하는 학교를 세우고 유대인만 집단으로 거주하는 마을을 세웠다. 이러한 유대의 민족적 사상은 2천 년이 지난 오늘까지도 이어지고 있다.

3. 생각해 볼 문제

1) 유대인들은 왜 예수님을 메시아로 받아들이지 못하는 것인가?

– 유대인들에게 메시아는 정치적인 의미의 색채가 짙은 존재다. 그 옛날 다윗과 솔로몬의 영화를 회복시켜주는 존재이며 특히 이방인들에 대한 확실한 승리가 있어야만 메시아로 인정받을 수 있는 거다. 이는 시온 곧 예루살렘의 모든 이방인들을 몰아내고 유대인만의 새로운 왕국, 새로운 지배계급을 형성하는 사람을 의미하는 것이다. 이러한 면에서 볼 때, 예수님은 이 땅에 왕국을 건설하시는 분도 아니었고, 이방과 전쟁을 벌이는 분은 더더욱 아니었다. 따라서 유대적 사상에서는 예수님을 메시아로 받아들일 수가 없는 것이다.

2) 시오니즘(Zionism)은 잘못된 사상일까?

– 시오니즘이란 메시아사상과 종말론 사상에 입각한 새 예루살렘의 건설을 의미하는 것이다. 이 사상이 문자 그대로 이루어지기 위해서는 이방인은 그들의 탈무드가 가르치는 그대로 '지옥불의 땔감'으로 존재하는 것이어야만 한다. 이러한 국수주의(國粹主義), 혹은 배타적 민족주의의 입장은 분명 크게 잘못된 것이다. 하지만 시온 사상을 확대 해석하여 유대의 민족적 개념이 아니라 하나님의 나라, 온 세상의 만민을 향한 하나님의 승리라는 재해석을 도입한다면 요한계시록의 사상이나, 사도 바울의 사상과 일맥상통하는 면이 있다고 할 수 있다.

3) 하나님은 어째서 이스라엘이 멸망하도록 보고 계셨던 것일까?

– 선민(選民) 이스라엘은 분명 역사에서 끊어져 버리고 말았다. 물론 1948년 독립을 하여 오늘날에는 독립 국가로 존재하고 있지만 기나긴 역사에는 분명 거대한 공백기를 가지고 있다. 그것에 대한 해석은 분분할 수 있지만, 한 가지 분명하게 짚고 넘어가야만 하는 것은 하나님께서는 끝없이 예루살렘에게 경고하시고 또

기회를 주셨다고 하는 것이다.

세례 요한을 비롯한 선지자들의 경고, 기독교인들의 경고, 그리고 무엇보다 예수님 자신이 경고가 되셨던 것을 잊어서는 안 된다. 하지만 하나님의 아들까지 십자가에 못 박아 죽인 그들은 멸망을 자초하게 되었고 마지막으로는 멸망하기 불과 몇 년 전까지 사도 바울이 그 위대한 전도 여행의 발길을 돌려 예루살렘으로 향하였지만 그마저도 탄압되고 결국 예루살렘 아니 유대 나라는 끝내 멸망하고 말았던 것이다.

성서와 역사 | 제20강

성경의 수집과 편찬

1. 성서무오설 (聖書無誤設-The inerrancy of Scripture, 蓄字靈感設-Verbal inspiration theory)

성경에는 단 한 점의 오류도 없으며 성경의 모든 말씀은 하나님께서 직접 말씀하시고 사람이 기계적으로 받아 기록한 것이라는 생각이다. 마태복음 5:18에서 예수님께서 하신 말씀인 *"진실로 너희에게 이르노니 천지가 없어지기 전에는 율법의 일점일획도 결코 없어지지 아니하고 다 이루리라"*라는 말씀과 디모데후서 3:16에서 사도 바울이 *"모든 성경은 하나님의 감동으로 된 것으로 교훈과 책망과 바르게 함과 의로 교육하기에 유익하니"*라고 한 말씀에 기반을 둔 생각이다. 그러나 이 말씀에서 언급하는 성경은 구약의 율법을 말씀하는 것으로 신약은 아직 성경에 편입되기 이전에 하신 말씀이다. 따라서 이 말씀은 율법 중심인 유대교에 대한 긍정적 관점을 말씀하신 것이지 결코 오늘날의 성서무오설을 입증하는 말씀이 아니다.

성서무오설은 19세기에 미국 남부 침례교에 있었던 근본주의(Fundamentalism) 사상가들과 장로교의 극단적 보수주의자들이 제기한 주장이다. 당시에 다윈의 진화론을 위시로 한 과학자들의 일부 주장이 창조론에 대한 중대한 도전이 되기 시작했고, 자유주의 신학자들의 방만한 주장 역시 많은 염려를 불러일으키고 있었다. 이에 1895년 미국의 복음주의 동맹(The Evangelical Alliance)을 중심으로 뉴욕주의 나이아가라 폭포에서 '그 누구도 부인할 수 없는 다섯 가지 근본이념들'을 정의하였는데 그중 첫 번째가 바로 성서무오설이었다. 이런 보수화 바람이 정점에 달한 시기에 미국의 선교사들이 우리나라에 오면서 우리에게도 전해진 사상이 바로 이 근본주의 축자영감설이다. 하지만 극단적 사상을 지닌 근본주의는 이제 많이 퇴락하였고 신정통주의(新正統主意)적 생각이 새로운 보수 사상으로 인정되고 있다. 신정통주의란 성경 말씀은 하나님께서 성령을 통해 사람에게 감동을 주시고, 사람은 그 감동을 바탕으로 말씀을 기록한 것이라는 생각이다. 분명 하나님의 말씀을 기록한 것은 맞지만, 문자 하나하나를 다 하나님께서 불러주신 것은 아니라는 것이다. 하나님은 영감을 주시고, 사람이 성령의 감동에 따라 기록한 것이 성경이라는 주장이다.

2. 얌니아 회의와 가르타고 회의

성경은 오랜 세월을 거치는 동안 자연스럽게 형성된 사상과 전승을 승화시킨 놀라운 영감의 책이다. 성경의 등장인물들, 저자들, 증인들에게 임하셨던 뜨거운 감동이 생생하게 기록된 하나님의 말씀인 것이다. 그러나 어느 날 갑자기 하늘에서 뚝 떨어진 신비로운 책은 아니다. 구약은 약 4천 년 동안 형성되었으며 신약은 그 바탕에서 백여 년 동안 형성되었다.

성경을 66권으로 규정한 것은 전문가들의 많은 토론과 협의를 거쳐 이루어진 것이다. 구약은 예루살렘이 멸망하고 난 20여 년 뒤에, 그러니까 A.D. 90년경에 지중해의 한 도시인 얌니아(Jamnia, 현재는 Jaffa)에 모인 예쉬바(Yeshiva)라는 유대인 아카데미가 결정하였다. 이 결정의 가장 중요한 사항은 히브리어로 써진 말씀, 즉 당시 팔레스타인의 통용어였던 아람어가 아니라 정통 히브리어로 된 책들만 받아들이자고 결의한 것이다. 그것이 바로 오늘날의 39권 구약성경이다. 결국 예수님이나 사도 바울이 성경이라고 언급하였던 것은 오늘날의 39권 구약성경이 아니고 오직 5권의 율법서와 예언서들만을 말하는 것으로, 오늘날의 성경보다는 훨씬 작은 분량이었다. 이 과정에서 가장 논란이 되었던 책은 에스더, 전도서, 아가서 등이었으며 다니엘서에 대한 문제 제기는 후대까지 계속되었다.

신약은 그보다 훨씬 뒤에 결정되었다. 신약성경이 수집되기 시작한 것은 구약성경이 결정되고 난 이후였는데, 이토록 성경의 수집이 늦어진 까닭은 임박한 종말에 대한 기대감 때문이었다. 즉 사도들이 자신들의 생전에 예수님이 다시 오실 것이라고 믿었기 때문에 성경의 집필에 대한 필요성을 느끼지 못하였던 것이다. 그러다가 점차 순교하는 사도들이 늘어가면서 신약성경에 대한 필요성이 생겨났고, 최초로 바울서신이 에베소 교회에서 수집되면서 이러한 움직임이 가속화되었다. 하지만 그로부터 200여 년간 기독교는 이단 사상에 극심하게 시달렸다. 희랍철학을 근간에 두고 있는 영지주의(靈知主意-Gnosticism)는 당대에 가장 성행하였던 이단 사상이다. 또한 아리우스(Arius)와 아타나시우스(Atanasius)의 신학 논쟁은 초대교회 사상대립의 최대 이슈(Issue)였다. 이러한 사상논쟁의 와중에서 우후죽순처럼 생겨난 위경(僞經)들이 신앙의 순수성을 오염시키자, 초대 교부들이 정경에 대한 필요성을 절감하게 되었던 것이다.

결국 주후 397년에 카르타고(Cartago)에서 모인 교부회의에서 신약성서 27권을 결의하였다. 하지만 그 후에도 정경에 대한 논란은 그치지 않았다. 가장 많은 논란을 가져왔던 책은 요한계시록으로 동방교회는 10세기가 지나도록 정경으로 받아들이지 않았다. 1442년 프로렌츠 종교회의에 가서야 비로소 로마교황청이 고대교회의 아타나시우스의 정경 목록 27권을 다시 한번 신약성서로 확정하였다. 하지만 몇몇 외경들도 인정되어 현재 카톨릭은 몇 권의 외경을 성서로 받아들이고 있다. 그러나 종교개혁이 이루어지면서 정경에 대한 논란이 다시 시작되었다. 루터는 히브리서, 야고보서, 유다서, 계시록의 정경성을 부정하여 루터의 번역 성경에 별도로 끝에 실었으며, 칼빈도 요한이서, 삼서, 그리고 요한계시록에 대하여 유보적 입장을 취하였다. 또한 최초의 영어 성경인 킹제임스 역본은 구약과 신약 사이에 외경을 삽입하기도 하였다. 그러나 개신교회는 곧 66권의 정경을 재확인하였고 웨스트민스터 신앙고백 등 신조에 명기하였다.

성경에 오늘날의 장과 절이 구분된 것은 훨씬 후대에 이르러서였다. 탈무드 시대 이전에 유대인들은 회당에서 쉽게 읽기 위하여 율법을 파라쇼트(parashort)라는 부분들로, 예언서들은 합타로트(haptarot)라는 부분들로 대략 구분한 일이 있다. 그들은 오늘날 절과 유사한 프슈킴(psukim)이라는 소규모의 구분도 하였다. 그러나 엄밀한 의미의 장절 구분은 카로의 위고(Cardinal Hugo de Caro)에 의해 13세기에 이루어진 것으로 전해진다. 이 장과 절의 구분이 불가타(Vulgate–최초의 라틴어 역본)에 채택되었고, R.나탄에 의해 1440년경에 히브리어 구약성서에 채택되었다. 신약성서는 R.스티븐스의 1551년 판 그리스어 성서에 처음으로 등장하였다. 이와 같이 성경의 장절은 독자를 위한 편의 제공에 그 목적이 있는 것이므로, 사본에 따라 다를 수 있다.

3. 생각해 볼 문제

1) 하나님은 오직 성경을 통해서만 말씀하시는 것인가?

– 아니다. 하나님의 말씀은 성경이 있기 전부터, 그리고 성경이 규정된 이후에도 끊임없이 계속되고 있다. 또한 하나님의 말씀은 자연의 모든 것을 통하여도 전달되고 있으며, 성서가 증언하고 있듯이 꿈이나, 환상, 예언과 같은 신비적 통로로도 전해지고 있다. 하지만 그 많은 소리들 중에서 하나님의 달씀을 구별하는 가장

확실한 근거가 바로 성경이라는 것을 잊어서는 안 된다.

2) 성경에 오류가 있다면 그것을 어떻게 하나님의 말씀이라고 할 것인가?

– 성경의 오류는 근본적인 오류가 결코 아니다. 예를 들면 식사예절이나 위생상의 문제, 혹은 질병의 판독이나 시대적 문화 문명의 상이성이 가져오는 차이라고 할 것이다. 따라서 위대한 하나님의 말씀인 성서는 그 가운데서 말씀하고 계시는 근본적 계시에는 오류가 없다. 다만, 하나님의 말씀 즉 계시를 둘러싸고 있는 언어나 문화의 문제에 대하여 시간의 갭(Gap)을 극복하고 이해할 수 있어야 한다는 것이다.

3) 하나님의 말씀은 계속되는데 왜 성경은 더 이상 수집 편찬되지 않는 것인가?

– 설교가 있기 때문이다. 이미 검증된 66권의 성경을 통하여 지금도 교회들이 그보다 더 많은 수의 말씀을 선포하고 있다. 매주일, 아니 매일 말씀은 전 세계적으로 해석되고 선포되고 있는 것이다. 살아 생동하는 그 말씀들이 계속되는 한 성경은 지금의 모습 그대로도 충분한 것이라고 할 수 있다.

02

교회사

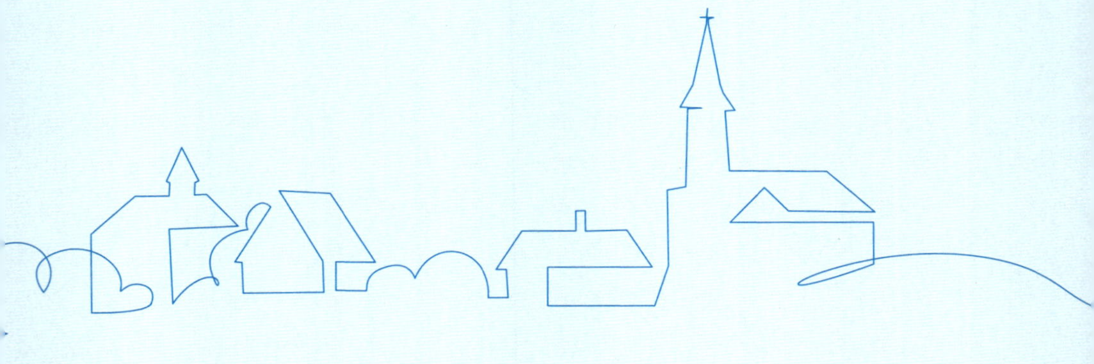

교회사 | 제1강

초대교회사

1. 로마

로마는 기원전 8세기에 라틴인들이 티베르(Tevere) 강 하류 지역에 세운 나라였다. 기원전 2세기 포에니 전쟁을 통하여 카르타고(Carthago)를 꺾고 역사의 중심에 서게 된 로마는 기원전 27년 옥타비아누스(Octavianus)가 로마 제국을 설립하면서 대제국이 되었다. 그로부터 약 200여 년간 로마의 평화(Pax Romana)라는 기치 아래 탄탄한 제국이 이어졌다. 하지만 2세기 말부터 100여 년간은 무서운 혼란을 겪게 되었다. 특히 3세기 후반의 50여 년간 26명의 군인 황제가 등장하기도 하였다. 물가는 수백 배로 뛰고, 질병이 만연하였으며 전쟁은 끝없이 이어졌다. 이 시기에 기독교에 대한 무서운 박해가 이어졌다. 콘스탄티누스(Constatinus, 306~337) 대제가 로마의 운명을 잠시 연장시켰지만 그가 죽은 후 약 반세기 만에 로마는 둘로 갈라지게 되었다(395년). 그 후 서로마는 게르만족의 침략으로 476년 멸망하고 동로마만이 1453년까지 존속하였다.

로마의 멸망 이후에도 교회는 동로마와 서로마를 합쳐 하나로 존속하였는데 726년 성상 숭배의 문제로 교회마저 갈라졌다. 그 뒤 1054년 정식으로 서유럽은 로마 카톨릭 교회(Roman Catholic Church)가 되었고 동유럽은 그리스 정교회(Greek Orthodox)가 되어 오늘날까지 이어지고 있다.

2. 초대교회사

최초의 교회는 유대교의 한 분파로 시작되었다. 하지만 유대인들의 끝없는 박해로 인하여 기독교인들은 결국 이스라엘 바깥의 세계로 복음의 깃발을 옮기지 않을 수 없게 되었다. 그 중심에 서 있었던 사람들은 사도들과 바울이었다. 그들은 안디옥, 로마, 알렉산드리아, 콘스탄티노플(이스탄불) 등을 중심으로 활발하게 퍼져나갔다.

하지만 네로 황제를 필두로 시작된 황제의 박해는 이러한 선교의 열정을 무섭게 방해하였다. 네로는 64년 로마에 화제를 내고 그 누명을 기독교인에게 덮어씌운 후 박해하기 시작하였다. 그 뒤를 이어서 도미티안(Domitian, 81~96), 트라쟌(Trajan, 98~117), 하드리안(Hadria, 117~138), 안토니우스 피우스(Antonius Pius, 137~161), 마르쿠스 아우렐리우스(Marcus Aurelius, 161~180), 데시우스 트라쟌(Decius Trajan, 249~251), 바레리안(Valerian, 253~260), 디오클레티안(Diocletian, 284~305)으로 이어지는 박해는 250년간이나 계속되었다. 이 기간 기독교인은 굶주린 사자의 먹이가 되어 찢겨졌고, 십자가에 처형되었으며 화형을 당하였다. 하지만 이러한 박해는 도리어 기독교 선교의 기폭제가 될 뿐이었다.

당시의 기독교인들은 순교자가 되기를 소망하였다. 순교자가 쓰게 될 천국의 아름다운 면류관을 흠모하였기 때문이다. 지금까지 이름이 전해지는 순교자로는 예루살렘의 감독 시므온(Symeon), 서머나의 감독 폴리캅(Polycarp), 로마의 감독 파비아누스(Fabianus), 안디옥의 감독 바비라스(Babylas), 예루살렘의 감독 알렉산더(Alexander), 카르타고의 감독 키프리안(Cyprian) 등 수많은 성직자들과 노예 처녀 블란디나(Blandina), 처녀 포타미아이나(Potamiaena), 귀족 여인 페르페튜아(Perputua), 노예 펠리시타스(Felicitas) 등 그 수를 헤아릴 수 없을 만큼 많이 있었다.

그중 가장 유명한 폴리캅의 순교를 보면 배교를 종용하는 재판관에게 "지난 86

년 동안 나의 왕이요 구세주이신 그리스도를 섬겼으나 그분은 한 번도 나를 저버리신 일이 없다. 그런데 어떻게 나를 구원하시고 사랑과 자비를 베풀어주신 나의 왕을 부인할 수 있겠는가?"라고 말하여 예수 그리스도를 찬양하며 자진하여 불길 속으로 들어갔다. 전설에 의하면 그때 주변에는 아름다운 향기가 진동하였다고 전해진다. 이처럼 순교는 아름다운 전설과 결합하면서 더욱 숭고한 것으로 인정되었고 끝내 로마는 기독교를 공인하게 되었다. 313년 콘스탄티누스 대제가 밀라노 칙령을 통하여 기독교를 공인하였고 후에 국가의 공식 종교로까지 발표하게 되었던 것이다.

하지만 기독교가 공인되면서 많은 문제들이 불거지기 시작하였다. 우선 마르시온(Marcion)이나 영지주의(Gnosticism)자들의 사상이 문제되었으며 동시에 예수 그리스도의 신성과 인성에 대한 논쟁이 불붙기 시작하였다. 아리우스(Arius)의 주장으로 활기를 띄게 된 유사본질론은 예수 그리스도는 하나님과 동일이 아니고 단지 유사할 뿐이라는 사상이었다. 이에 반대한 아타나시우스(Atanasius)는 동일본질론을 주장하며 아리우스를 공박하였다. 결국 325년 황제에 의하여 니케아 회의까지 소집되어 아타나시우스의 동일본질론이 승리하게 되었으며 동시에 '니케아 신조'가 발의되었다. 이 신조는 예수 그리스도는 참 하나님(Vere Deus)이시며 동시에 참 인간(Vere Homo)이라는 고백을 담고 있었다. 이단 사상에 대하여는 397년 카르타고 종교회의에서 신약 정경 27권을 정하게 되면서 일단락되었다. 하지만 그 후에도 이러한 종교 사상의 문제는 끝없이 제기되어 451년에 성령에 대한 공박으로 칼케돈 회의가 열리기까지 수없이 많은 논쟁이 오고 가야만 하였다.

그러나 이러한 논쟁의 와중에서도 순수한 신앙에 대한 갈구는 끝없이 이어지고 있었다. 오리겐(Origen), 테베스의 바울(Paul od Thebes), 성 안토니(St. Anthony) 등의 수도자들이 신앙의 불꽃을 간직하며 전수하였던 것이다. 성 안토니는 90년간 샘물과 나무 밑에서 은둔생활을 한 수도자로 학문적 사상이 아니라 오직 성서의 말씀만을 묵상하면서 살았다. 또 시몬(Simeon Stylites)이라는 수도자는 안디옥 동쪽에 기둥을 하나 세워놓고 그 위에서 36년간을 수도하기도 하였다. 이러한 신앙의 열정이 후일 중세 수도원주의의 토대가 되었다.

3. 생각해 볼 문제

1) 기독교인들은 왜 박해를 받았는가?

– 크게 두 가지 원인이 있었다. 우선 기독교에 대한 잘못된 오해였는데, 성만찬에서 그리스도의 몸과 피를 마신다는 것에 대한 오해로 기독교인들이 집회에서 사람을 살해하고 그들을 먹는다는 어처구니없는 오해가 있었다. 또한 애찬식(Agape)을 성적 혼음(混淫)으로 오해하는 일도 있었다. 하지만 이러한 비난보다 무서운 것은 정치적으로 로마의 황제가 신으로 숭배되기를 원하였지만 기독교인들은 이것을 용납할 수 없었다는 것이다.

2) 초대교회의 이단 사상인 마르시온 주의와 영지주의는 무엇인가?

– 마르시온은 하나님은 오직 사랑이시기 때문에 성경에서 사랑에 관계되지 아니하는 모든 문장들은 삭제되어야 한다고 주장하였던 사람이며, 영지주의는 영(靈, Spirit)만이 선한 것이기에 예수 그리스도가 악한 육신을 입으셨다는 것은 사실일 수 없다고 주장한 사람들이었다. 그래서 예수 그리스도는 그저 눈에만 육신으로 보이지 실상은 영이었다는 가현설(Docetism)을 주장하였다. 영지주의의 이러한 사상의 이면에는 플라톤주의의 이분법적 사고가 지배적이었다. 결국, 기존의 사고방식을 고수하면서 기독교 사상을 선택적으로 수용하려고 하였던 것이 초기 이단의 입장이었다고 정리할 수 있을 것이다.

교회사 | 제2강

어거스틴의 생애

1. 신플라톤주의(Neoplatonism)

플로티누스(Plotinus, 204~270, 이집트 출신)를 중심으로 형성되었던 플라톤 철학의 후기 갈래로 어거스틴에게 지대한 영향을 끼쳤다. 어거스틴은 이 사상을 "이집트에서 온 황금"이라고 격찬하며 자신의 사상의 근저에 받아들였다. 지금까지 플라톤 사상이 이분법적으로만 전해진 것에 반하여 플로티누스는 창조주로서의 신(一者로서의 神)을 말하며, 신으로부터 모든 것이 유출(流出)되었다고 생각하였다. 어거스틴은 이 사상에서 악(惡)을 설명하는데 악은 바로 '선(善)의 결핍(缺乏)'이라는 것이다. 그 근거로 '습관의 폭력'을 비유로 들었다. 또한 일평생 어거스틴을 이끈 사상인 "당신은 우리를 당신을 향해 살도록 창조하셨습니다. 그러므로 우리의 마음이 당신 안에서 안식할 때까지는 편안하지 않습니다.(quia fecistinos ad te et inquietum est cor nostrum, donec requiescat in te)"라는 사상도 플로티누스에게서 영감을 얻은 것이라고 할 수 있을 것이다.

2. 어거스틴(Augustinus, 354~430)

어거스틴은 354년 11월 13일 북아프리카의 타가스테(Tagaste)라는 소도시에서 태어났다. 부친은 이교도였지만, 모친은 독실한 기독교인이었다. 그녀의 이름은 모니카(Monica)로 훗날 웨슬리의 어머니 수잔나(Susanna)와 함께 기도로 자식을 이끈 훌륭한 모친으로 늘 거론되는 분이다. 모니카는 어거스틴이 젊은 시절 한 여인과 동거하며 18세라는 이른 나이에 벌써 사생아(Adeodatus)를 낳고, 신앙을 떠나 마니교(Manichaeism)[1]에 심취하고, 점성술을 즐겨 하며 오직 부와 명예를 좇아 학문, 특히 수사학에 열중하는 것을 늘 가슴 아프게 여겼다. 그녀가 아들을 위하여 얼마나 눈물로 기도하였던지, 한 번은 근처 교구의 감독을 찾아가 아들 문제를 의논하자 그가 "이렇게 흘리는 눈물의 자식은 결코 망하지 않는다"라는 말을 들었을 정도였다.

어머니의 눈물의 기도는 30여 년간이나 끝없이 이어지다 결실을 보게 되었다. 부와 명예를 좇아 로마로 갔던 어거스틴은 약아빠진 학생들에게 농락을 당하[2]고 밀라노에 가게 되었다(384~386). 그리고 마침내 그곳에서 유명한 감독인 암부로스(Ambrose)를 만나 많은 감화를 받게 된 것이다. 또한 과거의 모든 삶을 청산하고자 13년간 함께 살았던 동거녀를 고향으로 돌려보낸 것도 이 시기이다. 이는 표면적으로는 정식 결혼을 하기 위함이었지만 어거스틴은 결코 결혼하지 않았다. 그는 남은 인생을 수도자로, 교회 감독으로 살았던 것이다. 플로티누스의 신플라톤주의에 많은 영향을 받은 것도 이 시기인데, 어거스틴은 그 철학으로 성서를 재해석하였던 것이다.

그리고 마침내 386년 8월 말의 어느 날, 자신의 집 정원의 무화과나무 아래에서 그는 눈물이 소낙비처럼 쏟아지는 참회의 경험을 하게 된다. 이 일이 일어나게 된 원인은 수도자(St. Anthony)와 그를 따르는 사람들의 용기와 결단에 대한 부러움과 자신의 부끄러움 속에서 이루어진 일이었는데, 한참을 울고 있는 그의 귀

---

1) 페르시아 왕족의 후예인 마니(Mani, 215~276)가 창시한 혼합종교로 철저한 이원론에 입각하여 이 세상을 악과 선의 대립으로 보았던 종교이다. 한 때, 어거스틴은 여기에 심취하지만 훗날 마니교와 논쟁을 벌여 승리하게 된다.

2) 로마의 학생들은 수업이 끝날 때즘, 수업료를 지불하지 않고 다른 선생에게 가버렸다.

에 바깥에서 아이들이 부르는 노랫소리가 들렸다. "들고 읽어라, 들고 읽어라(Tolle lege, Tolle lege)"라는 노래를 듣고 홀연히 성서를 펴든 그의 눈에 로마서 13장 13~14절 말씀이 들어왔다.

"낮에와 같이 단정히 행하고 방탕과 술 취하지 말며 음란과 호색하지 말며 쟁투와 시기하지 말고, 오직 주 예수 그리스도로 옷 입고 정욕을 위하여 육신의 일을 도모하지 말라"

이 말씀이 화살처럼 날아와 꽂힌 어거스틴은 수사학 교수로서의 삶도, 결혼도, 이탈리아의 화려한 삶도 모두 포기한 채 387년 4월 24일 암부로스에게 세례를 받은 후, 고향으로 돌아와 모든 재산을 가난한 사람들에게 나누어주고 살던 집을 개조하여 수도원을 세우게 되었다. 그렇게 3년을 수도하던 어거스틴은 수많은 저술을 남기게 되었고 그 때문에 더욱 유명해지게 되었다.

391년 봄, 우연히 히포(Hippo)를 방문했던 어거스틴은 그곳 교인들에게 강제로 성직을 안수받게 되었다. 이 과정에서 어거스틴은 그러한 처사에 항의하면서 울었다고 한다. 하지만 일단 성직자가 된 어거스틴은 고향의 수도원을 옮겨와 정식으로 성직자의 길을 가게 되었다. 그때 북아프리카는 도나티스트(Donatist)들의 극단적인 신앙으로 위협받던 시기라 어거스틴은 이 문제에 대하여 심혈을 기울여 많은 논문을 발표하였다. 395년 히포의 감독으로 취임한 어거스틴은 그 후 감독으로서, 초대교회의 위대한 신학자로서 눈부신 업적을 남기게 되었다.

그의 많은 업적은 이루 헤아릴 수가 없을 정도이다. 또한 그로부터 영향을 받은 사람들도 너무나 많아 결코 그 수를 다 말할 수 없다. 중세기에는 안셀름(Anselm), 보나벤튜라(Bonaventura), 토마스 아퀴나스(Tomas Aquinas) 등이 그의 저서에 의존하였고, 종교개혁도 루터와 칼빈이 그의 사상을 재발견하면서 시작된 것이라고 하여도 과언이 아닐 것이다. 17세기의 개신교 정통주의자들도 그의 신학을 받아들였으며, 19세기의 자유주의 신학자들도 역시 그의 신학에 바탕을 두고 있는 것이 사실이다. 그의 업적은 오늘날도 계속 계승되어 신정통주의, 실존

주의 할 것 없이 모든 사상에 심도 깊은 족적을 남기고 있다. 바르트, 부르너, 틸리히, 니버형제 등 유명한 신학자들이 모두 그를 계승하고 있다. 특히 Tillich는 "그는 자기 이후 천년 동안만 아니라 모든 시대에 영향을 끼친 사람이다"라고 하였으며 다니엘 윌리암스는 "서양 신학사는 어거스틴에 대한 계속적인 주(註)에 불과하다"라고 하였다. 일찍이 그보다 더 왕성한 신학적 작업을 남긴 사람은 없다. 고백록과 같은 위대한 저서를 비롯하여 수없이 많은 논문들이 발표되었으며, 그가 남긴 논쟁사는 기독교 교리의 정립에 가장 큰 공헌을 한 것이다.

430년 8월 28일 76세의 나이로, 북아프리카가 반달족의 공격에 무너져갈 즈음 하나님은 이 위대한 감독을 데려가셨다. 많은 사람들이 잔인한 반달족이 두려워 도망칠 때에도 끝까지 교회를 지키고 있었던 어거스틴은 히포시 전체가 불태워졌을 때에도 교회 건물과 도서관을 지킬 수 있었다. 하지만 그러한 일들이 일어나고 있을 때 이미 어거스틴은 천국에 있었다.

3. 생각해 볼 문제

1) 모니카(Monica)는 왜 어거스틴으로 하여금 유아세례를 받지 않게 하였는가?

– 당시의 견해로는 실제적으로 세례를 받는 순간 지금까지의 모든 죄가 깨끗하게 씻어진다고 믿었다. 이 점에 있어서 모니카는 이교도 남편(Patricius)의 영향을 받은 어거스틴이 청소년기를 보내면서 많은 죄를 지을 것이라고 예상하였고, 그래서 그 죄를 일괄에 해결하기 위하여 세례를 미루었던 것이다. 사실, 어거스틴이 어린 시절 중병을 앓자 모니카는 세례를 서둘렀지만 병이 낫자 다시 세례를 미루기도 하였다.

2) 어거스틴은 왜 동거녀를 버렸는가?

– 어거스틴이 비판받는 유일한 문제가 바로 이것이다. 이 문제를 합리적으로

해결할 수는 없다. 어거스틴이 분명 잘못한 것이다. 하지만 어거스틴이 18세에 벌써 아들을 낳았다는 것, 즉 철이 없는 시절에 만난 여인이었으며, 당시에는 중요시 했던 신분의 차이가 너무나 커 아내로 맞을 수 없었다는 것, 그리고 그 후 어거스틴은 누구와도 결혼하지 않았다는 것 등을 함께 말해야 할 것이다. 또한 훗날 고백록에서 이 문제에 대하여 "내 결혼에 지장이 된다 하여 나와 동거해 오던 여자를 내 곁에서 떼어놓고 보니 그와 하나가 되었던 내 마음은 찢기고 상처가 나서 피를 흘렸다..."라고 못내 마음 아파하였던 것만은 사실이다.

교회사 | 제3강

어거스틴의 사상

1. 세 번의 논쟁

어거스틴은 일생 세 번에 걸쳐 격렬한 논쟁에 휘말리게 되었다. 하지만 그것을 통하여 그는 기독교 역사에 있어서 가장 중요한 사상을 정립하였다. 첫 번째 논쟁은 마니교(Manichaeism)와의 논쟁으로 386년에서 395년까지 이어지는 긴 논쟁이었다. 이 세상을 선과 악의 극단적 이분법으로 파악하는 마니교의 사상에 대하여 어거스틴은 하나님의 창조는 선한 것으로만 되어 있으며 악은 단지 선의 결핍(absence)이라고 보았던 것이다. 또한 마니교의 운명 결정론에 대하여는 자유의지를 주장함으로 대항하였다. 두 번째 논쟁은 403년부터 412년까지 이어진 도나티스트(Donatist)와의 논쟁이다. 도나투스(Donatus)는 당시 한 감독의 이름으로 로마의 황제 디오클레안의 박해 시에 목숨을 위하여 신앙을 저버린 배교자들, 특히 그중에는 성직자들도 많이 있었는데 그들이 베푼 성례전은 무효라고 주장하였던 사람들이다. 이에 대하여 어거스틴은 성례전은 성직자의 도덕적 능력이나 인격이 아니라, 예수 그리스도의 권능으로 효력을 발휘하기에 설령 배교자들이라고 하더라도 이미 그들에 의하여 베풀어진 성례전은 유효하다고 주장하였다. 또한 도나티스트들은 교회에는 죄인은 들어올 수 없다고 한 반면에 어거스틴은 알곡과 쭉정이가 함께 있는 것이 이 세상이라고 하였으며, 심판의 날이 오기 전에는 누가 알곡이고 쭉정이인지 말할 수 없다고 하였다. 마지막으로 펠라기우스주의(Pelagianism)와의 논쟁으로 412년에서 421년까지 계속되었다. 펠라기우스는 영국 출신으로 명성과 학식, 그리고 도덕적으로도 탁월한 수도승이었지만 지나친 자유주의 신학자였다. 그는 원죄를 부정하였으며 선과 악을 선택할 수 있는 자유의지를 주장하였다. 하지만 어거스틴은 원죄를 인정하였으며, 그로 인한 자유의지의 불완전함을 천명하였고 이것을 회복하기 위해서는 은총이 필요한 것이라고 역설하였다.

이처럼 어거스틴은 철학적 사상, 편협한 기독교 사상, 지나치게 자유로운 기독교 사상과의 길고 지루한 논쟁을 통하여 신앙의 중도를 지켰으며 진정한 신앙이 나아가야 할 길을 분명하게 밝힌 신학자요, 성직자라 말할 수 있을 것이다.

2. 어거스틴의 사상

어거스틴의 사상은 세 가지 논쟁을 통하여 정립되었다고 하여도 과언이 아닐 터이지만 그 밖에도 몇 가지 중요한 사상이 있다. 이미 마니교와의 논쟁에서 악의 문제에 대하여 플로티누스의 철학적 사색을 바탕으로 한 선의 결핍을 주장한 어거스틴은 하나님의 창조의 완전성을 분명하게 주장하게 된다. 이는 악의 문제에 대한 인간의 책임을 역설한 것으로 죄의 근원이 무엇인지를 확실하게 밝힌 것이라고 할 수 있을 것이다.

이처럼 악은 이 세상에 공공연히 존재하는 것이지만 그것이 결코 하나님의 창조가 불완전한 것이었기 때문은 아니었다. 창조는 완벽한 것으로 악이나 죄는 파생된 것이지, 창조된 것이 아니라는 말이다. 하지만 어찌 되었든 악이 이 세상에 존재하는 것은 부정할 수 없는 사실이기에 어거스틴은 교회라고 하더라도 악과 악인, 죄와 죄인이 존재할 수 있음을 분명하게 보았던 것이다. 그래서 이 세상의 교회는 두 가지 모양을 간직하고 있는데, 하나는 눈에 보이는 교회이고 또 하나는 그 속에 들어있는 보이지 아니하는 교회, 즉 하나님의 도성이 존재하고 있다는 것이다.

이와 같이 세상은 각양의 모양을 지니고 있는 바, 어거스틴은 이 세상을 살아감에 있어서 반드시 존재의 질서(Hierarchy)를 지켜야 한다고 가르쳤다. 그는 네 단계로 질서를 말하였는데, 이것은 곧 사랑의 질서와도 연관되어 사랑해야 하는 것은 인간-동물-식물-광물의 순으로 이어져야지 이 순서가 뒤바뀌어서는 안 된다고 가르쳤던 것이다.

자유의지에 있어서도 어거스틴은 "하나님을 사랑하고 네 마음대로 하라"라는 유명한 말을 남긴다. 이것은 무조건적 자유의지를 주장한 펠라기우스의 사상에 반하는 것으로, 인간의 자유의지는 죄에 의하여 오염되어 있기 때문에 하나님의 무조건적 은총으로 자유의지가 회복되어야 한다고 보았던 것이다. 다시 말해서 어거스틴에게 있어서 자유의지는 두 가지인데 선을 행할 자유의지와 악을 행할 자유의지가 그것이다. 펠라기우스는 이 두 가지를 다 인정하지만 어거스틴은 죄로 인하여 선을 행할 자유의지가 상실되었기에 은총을 통해 회복되어야 한다고 주장했다. 즉, 구원을 이루기 위해서는 은총이 반드시 필요한 것으로, 인간의 노력이나 선행만으로는 구원을 이룰 수 없음을 극명하게 보여준 것이라고 할 것이다.

자유의지의 이러한 첨예한 갈등은 그가 고백하는 그대로 "나의 하나님, 나 자신의 전체를 당신에게 바치고자 생각하였을 때... 이를 진심으로 원했던 것은 나 자신이었습니다. 그러나 동시에 이를 차마 원할 수 없었던 것도 나 자신이었습니다. 이 두 가지 존재들이 다 나였습니다. 내가 완전히 원하지도, 완전히 이를 거부하지도 못했으므로, 나는 나 스스로와 투쟁할 수밖에 없었고 이 때문에 나의 존재는 갈기갈기 찢어졌습니다...."라는 고백에 잘 드러나 있다.

이러한 관점에서 은총을 설명하기 위하여 어거스틴은 정오(正午)의 신학(Highnoon Theology)을 주창하였다. 죄악을 그림자로 볼 때, 인간은 오직 하나님이 정오, 곧 머리 위에 계신 순간에만 죄로부터 벗어날 수 있다는 가르침이었던 것이다. 하지만 어거스틴이 결코 인간의 자유의지를 간과한 것이라고 보아서는 안 된다. 그는 부족하고 훼손된 자유의지의 회복이 오직 은총을 통해서만 가능한 것이라고 설명하였던 것이다.

3. 생각해 볼 문제

1) 어거스틴은 성화를 불가능한 것으로 보았는가?

– 성화(聖化, Sanctification)란 인간이 죄로부터 완전하게 벗어나 성스럽게 변화되는 단계를 말하는 것으로 인간이 다다를 수 있는 가장 지고한 영역이다. 그러나 어거스틴은 예수 그리스도를 제외한 인간은 어떠한 경우에도 완전하게 죄로부터 자유로울 수 없기 때문에, 특히 죽을 때까지 성적인 욕망이 남아 있기 때문에 성화가 불가능하다고 보았다. 그러나 존 웨슬리는 성화가 인간이 다다라야 하는 최고의 목표라고 생각하였다. 어거스틴이 성화를 불가능으로 보았던 것은 인간은 오직 은총을 통해서만 구원될 수 있음을 강조하기 위한 것이었고, 웨슬리가 성화를 가능한 것이라고 보았던 것은 은총으로 구원받은 인생이 나아가야 할 길의 목표점을 제시한 것이라고 보아야 할 것이다.

2) 어거스틴은 시간을 어떻게 이해하였는가?

– 그는 시간을 영혼의 팽창(Distentio Animae)이라고 말했다. 이 말의 의미는 물리적으로 흘러가는 일정한 시간에 대한 언급이 아니라, 주관적으로 체험되는 시간을 표현하는 것이다. 그래서 그에게 있어 시간은 오직 현재만이 존재한다. 현재만이 체험될 수 있기 때문이다. 과거는 기억의 현재이고, 현재는 직관이며 미래는 기대(expectation)로 현재 속에서 존재하는 것이다. 그는 말하기를 “만일 아무도 나에게 묻지 않는다면 나는 시간이 무엇인지 알고 있습니다. 그러나 나에게 묻는 자가 있어서 그에게 시간을 설명하려고 하면 나는 모릅니다”라고 하였다. 결국 그는 외부에서 체험되는 시간이 아니라 내면에서 의식된 체험의 시간을 진정한 시간이라고 본 것이다.

교회사 | 제4강

중세교회사 I

그 정치적 측면

1. 십자군(Crusade) 전쟁

395년 동로마와 서로마가 갈라지고 476년 서로마는 게르만족의 침략으로 무너진다. 그리하여 유럽의 여러 나라들이 생겨나게 되었다. 하지만 동로마는 1453년까지 계속 존재하였다. 비록 로마는 둘로 갈라졌다고 하여도 한동안 교회는 하나로 존재하였는데, 1054년 정식으로 서유럽은 로마 카톨릭 교회(Roman Catholic Church)가 되었고 동유럽은 그리스 정교회(Greek Orthodox)가 되어 오늘날까지 이어지고 있다.

십자군 전쟁은 비잔틴제국의 황제인 알렉시우스(Alexius) 1세가 지금의 터키인과 우즈벡인들의 선조인 회교도 셀죽크 투르크(Seljuk Turks)의 침략에 대한 원조를 로마 교황(Ulban 2세)에게 요청하면서 시작되었다. 그 가장 직접적인 이유는 1071년 예루살렘이 점령되었기 때문이었다. 결국 1074년부터 1291년간 총 7차례의 십자군이 모집되었다. 이는 공식적인 것으로 그 밖에도 많은 원정군이 줄을 이었다. 하지만 아무리 성전(聖戰)의 명목을 걸고 시작된 전쟁이라고 하여도, 피를 부르는 전쟁은 심각한 재앙을 초래하게 되었다. 심지어는 동로마의 수도인 콘스탄티노플(이스탄불)을 약탈하기도 하였으며, 어린아이들이 전쟁에 지원하여 대다수가 사망하거나 노예로 끌려가는 비극이 생기기도 하였다. 이처럼 십자군 전쟁은 중세를 가장 어둡게 만든 사건으로 손꼽힌다. 더욱이 교회는 십자군을 모집하기 위하여 면죄부(indulgence)를 판매하기 시작하였다.

2. 중세교회사(정치적 측면)

중세(中世)는 590년 그레고리 대재(Gregory the Great)가 교황에 취임하면서 시작된 것으로 본다. 그는 비단 종교의 영역뿐 아니라, 유럽 전역에 걸쳐 정치적 실권을 장악하기 시작하였다. 그러다가 800년부터는 각 왕국의 왕을 임명하는 것에까지 절대적 영향력을 끼치기 시작하였다. 이렇게 되면서 교회와 국가는 때로는 반목하고 때로는 이해관계에 따라 협력하면서 종교성을 떠나 세속성에 물들어가기 시작한 것이다. 당시의 교황은 반신적(半神的 : semi-divine) 존재로 여겨졌는데 하나님과 인간 사이의 존재로, 즉 하나님보다는 낮지만 인간보다는 높은 존재라고 하였다. 더불어 그리스도의 대리자라고 주장하며, 왕은 세속의 권위를 가졌지만 사제들은 영혼의 권위를 가졌기 때문에 왕보다 사제가 세속적 권력에 있어서도 더욱 권위가 있다고 주장하였다. 이것은 단적으로 "교황은 해요, 왕은 달이다"라는 문장에 잘 나타난다.

십자군 전쟁을 통하여 더욱 공고해진 사제권과 교황권은 1229년에는 평신도들이 성경을 읽는 것도 금지시키는 지경에 이르고 말았다. 더구나 마구잡이로 행해진 종교재판(Inquisition)은 갈릴레오와 같은 과학자까지도 정죄하였으며, 수많은 사람들을 마녀재판으로 몰아 화형에 처하는 등, 엄청난 만행을 저지르게 되었다. 십자군 전쟁과 함께 등장한 면죄부는 그 후로도 교회의 자금을 충당하는 수단으로 악용되어 종교개혁이 일어날 즈음에는 성 베드로 성당 건축 공사와 후거 은행의 빚을 갚기 위하여 매매되는 지경에 이르게 되었던 것이다. 즉, 구원을 돈을 주고 산다는 교리가 전파되었던 것이다. 게다가 이미 죽은 사람들까지도 면죄부를 사면 지옥에서 천당으로 올라가게 된다고 가르쳤으니, 그 악행은 끝을 모르고 계속되었던 것이다.

더불어 안타까운 것은 성직자들의 도덕적 윤리적 타락이 극에 달하였다고 하는 것이다. 독신을 표방해야 하는 성직자들이 축첩(蓄妾)하고 공공연히 재산을 은닉하였으며 심지어는 자식을 낳고 그 자식에게 성직을 세습하는 일까지 빚어졌다. 성직이 금전으로 거래되었으며, 모든 과학적 사고와 자신들의 교리에 반하는 내용들은 구자비하게 탄압되었다.

그러나 1500년대에 들어서면서 사회는 격변에 휘말리게 되었다. 신대륙의 발견과 탐험, 지동설이 천동설을 대체하는 변화, 봉건제의 몰락, 상업의 성장, 종이·인쇄술·항해술·화약과 같은 혁신적인 신기술의 발명 및 응용이 이루어지기 시작하였다.

이제 사람들의 사고는 더 이상 사제들의 잔혹한 종교재판으로도 묶어둘 수 없을 만큼 발달하기 시작하였다. 이를 가리켜 문예부흥(Renaissance)라고 부르는데, 지난 1000년의 세월을 넘어 그 이전의 과학적이며 합리적인 그리스 철학을 새롭게 갱신한다는 뜻이다. 스콜라 철학으로 대표되는 교회의 철학을 배격하고 새롭게 인본주의(Humanism)를 제창하면서 교권으로 벗어나기 위한 거대한 투쟁이 시작된 것이다.

3. 생각해 볼 문제

1) 중세를 암흑기(Dark Age)라고 부르는 이유는?

– 교권에 의하여 사회 전반이 통치되었기 때문이다. 이는 성스럽게 구별되어야 할 신앙이 세속에 물들고, 심지어는 세속보다 더욱 타락하면서 빚어진 현상이다. 암흑기라는 말은 이탈리아 학자였던 페트라르카(Francis Petrarch, 1304~1374)가 최초로 한 말로 중세의 문화적 암흑을 대변하는 말로 쓰였다. 하지만, 이는 어디까지나 문화 사회적인 측면에서 본 일일뿐, 기독교 내부는 수도원 영성을 중심으

로 많은 발전을 하였다. 따라서 암흑기는 다분히 정치 사회에 국한되는 표현일 뿐, 종교성 자체를 대표할 수는 없다고 하겠다.

2) 르네상스와 중세의 연관성은?

– 중세가 무너지게 된 직접적인 동기가 르네상스라고 하겠다. 이 사상은 끝내 종교개혁으로 이어지면서, 서양 전체가 격변하게 되는 크나큰 동기가 되었다고 할 것이다. 인본주의(Humanism)로 대표되는 이 사상은 더 이상 신(神)이 아니라 인간을 사고의 중심에 놓게 되었으며, 사람 자체가 목적이 될 수 있음을 천명하게 되었다. 이는 신을 모든 사고의 중심에 놓았던 중세의 교권에 대한 정면 도전이었지만, 워낙 다방면에서 즉, 문화 사회 예술 사상 과학 탐험 등 요원의 불길처럼 번져나갔기에 끝내 종교개혁이 이루어질 수밖에 없는 토대를 놓았다고 할 것이다.

교회사 | 제5강

중세교회사 II

그 영성적 측면

1. 스콜라 철학 (Scholasticism)

기독교 교리를 철학적인 체계로 정리하려고 하였던 중세의 일반적인 철학이다. 플라톤 철학을 중시하였던 어거스틴과는 달리, 그 이후 아리스토텔레스의 철학을 계승하여, 신학의 주제로 삼고자 하였던 일련의 흐름으로, 모든 철학을 다 신학의 시녀로 간주하였다. 즉, 어거스틴을 중심으로 하였던 계시의 신학에서 벗어나 이성으로 하나님께 나아가려는 이성 철학이라고 할 수 있을 것이다. 종교 교리의 근원을 찾고 신앙과 이성, 의지와 지성, 실재론과 유명론 등과 같은 철학 문제에 관심을 쏟았다. 스콜라 철학은 대게 3기로 나눌 수 있다. 초기(800~1200년경) 스콜라 철학은 플라톤, 신 플라톤파 철학의 영향에 입각하였으며, 성 안셀무스가 대표적 학자이다. 중기(1150~1300년경)는 아리스토텔레스 철학을 근거로 하는 전성기로, 성서와 아리스토텔레스를 결합하려는 노력의 성과가 토마스 아퀴나스의 『신학대전』으로 나타났다. 후기(1300~1400년경)는 카톨릭파와 개혁파가 대립하는 시기로, 신앙과 이상의 결합이 붕괴되면서 스콜라 철학이 해체되었다.

2. 중세교회사(영성적 측면)

중세의 사제들이 권력의 투쟁에 열을 올려, 교황권을 신장시키고 교회를 정치집단화한 것은 분명한 사실이지만, 모든 사제들이 다 그러했던 것은 아니다. 사실, 진정한 의미의 사제들, 곧 하나님의 사람들은 당시 정치적 문제에 염증을 느끼고 산으로 숨어들어 '수도원'을 창시하고 세속과의 인연을 끊은 채 하나님께 가까이 나아가고자 노력하였던 것이다. 신비로운 영성을 갈고 닦고자, 인간적인 욕망을 벗어버리고 오직 하나님만 바라보면서 성서를 연구한 그들의 신앙은 오늘날까지 진리를 전해주는 아름다운 불꽃으로 활활 타오르고 있다.

최초의 수도원은 성 베네딕트(Saint Benedict of Nursia. 480~547)에게서 그 기원을 찾을 수 있을 것이다. 엄격한 규율을 만들고 수도사를 양성하였던 베네딕트 수도원은 그 뒤로도 계속 영성의 흐름을 잇고 있었지만, 1,000년대에 들어서면서 점차 규율이 느슨해지기 시작하였다. 이에 불만을 품은 일련의 수도사들이 이탈리아의 시토(Cistercians)에서 새롭게 수도원 운동을 부흥시키게 되었다. 성 버나드(Saint Bernard de Clairvaux. 1090~1153)로 유명해지기 시작한 시토 수도회는 예수 그리스도를 향한 사랑을 불일 듯 일게 만들었던 위대한 영성을 낳았다. 그는 회개와 믿음과 사랑으로 이어지는 영성의 흐름이 아가서를 통하여 극대화 될 수 있다고 보았다.

시토회를 유명하게 만든 또 한 사람은 요아킴(Joachim of Floris)으로 시대를 세 부분으로, 즉 성부시대(아담-그리스도까지 42대), 성자시대(그리스도에서 재림까지의 42대), 성령시대(재림 이후의 42대)로 구분하였다. 그는 일정 부분 예언자임을 주장하였지만, 지나친 비약으로 오늘날에는 많은 지적을 받고 있는 것이 또한 사실이다.

그 뒤를 이어 오늘날까지 카톨릭의 가장 중심적인 두 흐름이 된 도미니크 수도회(Dominican)와 프란시스 수도회(Franciscan)가 등장하게 되었다. 절대적 청빈과 순결의 삶을 강조하며 민중 속으로 파고 들어간 프란시스칸과는 대조적으로 도미니크 수도회는 학문적 열정을 간직한 수도회였다. 도미니칸이란 '주님의 개'라는 뜻으로 진리를 사수하기 위하여 최선을 다하였다. 그리하여 그 수도회에서 토마스 아퀴나스(Thomas Aquinas, 1225~1274), 마이스터 에크하르트(Meister Eckhart, 1260~1327)와 같은 훌륭한 학자요 영성가들이 수없이 배출되었다. 그러나 마이스터 에크하르트는 나중에 종교재판을 받고 신학 사상의 자유분방함 때문에 출교되기도 하였지만, 그의 사상의 현묘함은 오늘날까지도 칭송되고 있다. 그는 이 세상의 모든 것에서 하나님을 발견할 수 있다는 범재신론(汎在神論)으로 유명한 신비주의자이다.

하지만, 지나친 학문적 열정은 이단을 색출하기 위하여 종교재판에 앞장서는 잘못으로 이어지기도 하였던 것이 분명한 사실이다. 그들은 스콜라 철학을 부흥 발전시키면서 인간의 이성을 통하여 하나님께 나아가고자 노력하였는데, 그런 이유로 그들이 가장 중요시 여겼던 것 중의 하나가 하나님의 존재 증명이라고 할 수 있을 것이다.

이것은 중세를 떠받치던 카톨릭 신학의 흐름이 다분히 이성적이었던 것임을 증명하는 것으로, 형식화되고 조례화되어 있는 카톨릭의 모습으로 오늘날도 이어지고 있다. 성례전도 7가지(세례, 견진, 성만찬, 결혼, 안수, 고해성사, 종부성사)나 되고, 기도를 함에도 철저하게 기도문을 엄수하거나 사제를 통하여 기도해야 한다는 등의 제도화에 잘 드러나 있다고 하겠다.

3. 생각해 볼 문제

1) 스콜라 철학이 사장 될 수밖에 없었던 가장 큰 이유는?

– 스콜라 철학은 아리스토텔레스의 철학을 기반으로 인간의 이성을 통하여 하나님께 나아가고자 하는 시도였다. 이것은 아주 경건하고 인격적으로 고매한 사람들에게 있어서는 가능한 길이라고 할 수 있을지 모르지만 대다수의 사람들에게는 아주 어려운 일이었다. 그래서 종교개혁은 토마스 아퀴나스를 중심으로 하는 이 이성 신학에 반기를 들고, 다시 어거스틴으로 돌아가 은총과 계시를 통하여 하나님께 나아가려고 시도하게 된 것이다.

2) 카톨릭은 왜 직접 회개하지 아니하고 꼭 사제를 통해 고백성사를 하는가?

– 사제들만이 기도할 수 있다고 믿기 때문이다. 일반 평신도들은 직접 기도하기에 많이 부족하므로 신부들을 통하여 기도하고 죄 사함을 받아야 한다는 주장이다. 하지만, 우리 개신교는 만인이 모두 사제라는 루터의 주장을 받아들여 모두가 예수님의 이름을 앞세우기만 하면 누구라도 하나님이나 예수님께 직접 기도할 수 있음을 천명하였다. 참고로 카톨릭이 성모 마리아에게 기도하는 것은, 그녀에게 직접 기도한다는 의미라기보다는 예수님과 가까운 사이인 마리아가 예수님 앞에서 중재자가 되어 주길 바라는 것이라고 하겠다. 그 밖의 성자들에게 기도하는 것도 같은 의미라고 하겠는데, 개신교는 그 모든 과정을 별 의미가 없는 것으로 본다. 왜냐면 우리는 새롭고 산 길인 예수 그리스도에게 직접 간구할 수 있기 때문이다. 단지, 예수님의 이름을 앞세우기만 한다면 말이다.

교회사 | 제6강

성 프란체스코

saint Francesco

1. 복음의 삼덕(三德)

성 프란체스코를 비롯한 모든 수도사들이 일평생 지키기로 서약한 세 가지 덕목, 곧 청빈(清貧), 순종(順從), 순결(純潔)을 말한다. 이것을 위하여 수도자들은 일체의 어떤 것도 소유하지 않았으며, 결혼도 하지 않았고, 또 성서의 말씀 및 스승의 명령에 절대적으로 복종하는 삶을 살았다.

하지만 복음의 삼덕은 모든 그리스도인들이 반드시 지켜야 하는 절대적인 교리라고는 할 수 없을 것이다. 사실상 이것은 누구에게나 주시는 하나님의 명령이라기보다는 원하는 사람만이 스스로 받아들일 수 있는 것으로, 인간의 삼대 욕망이라 간주되는 재물욕과 쾌락욕, 그리고 교만에 대해 정반대의 것을 지켜나가는 것이라고 말할 수 있다. 삼대 욕망은 인간의 본능적 욕구인 소유욕, 성욕, 자부심으로 표현되는 것이며 실제로 이것이 완전히 나쁜 역할만 하는 것이라고는 말하기 어렵다. 일반인의 삶은 이러한 삼대 욕망에서 원동력을 얻고 그 욕망의 조화로운 조절에 의해서 행복을 추구할 것이기 때문이다. 그러나 이 욕망들은 지나치기 쉽고 또 조절되기가 극히 어려운 단점을 지니고 있다. 그래서 수도자는 이 본능적 욕구 자체를 하나님께 제물로 봉헌하고 모든 욕망에서 해방되며 자유롭고 가볍고 넓은 마음으로 주님의 일에 헌신하고자 하는 것이다.

2. 성 프란체스코의 생애

성 프란체스코는 이탈리아의 작은 도시 아씨시(Assisi)에서 전 유럽이 십자군의 소용돌이 속에서 신음하던 1181년 혹은 1182년에 부유한 상인인 아버지 삐에뜨로 베르나르도네(Pietro di Bernardone)와 프랑스인으로 두터운 신앙심과 교양을 지닌 삐까 부인 사이에서 맏아들로 태어났다. 본명은 Giovanni이지만 그가 프랑스의 음유 시인들의 노래를 좋아하였기에 고향 친구들은 그를 '작은 프랑스인', 즉 Francesco라고 불렀으며 그는 이 이름으로 오늘날까지 알려지게 되었다. 어린 시절 뻬루치아(Perugia)와의 전쟁에서 포로가 되어 감옥생활을 하기도 하였으며 이로 인하여 병상에 눕기도 하였다. 1205년에 기사가 될 마음으로 아뿔리아로 가서 브리엠의 월타군에 입대하였지만 스뽈레또에서 환시를 보고 다시 아씨시로 돌아온다. 회개 생활을 시작한 후 환상적인 나병 환자와의 만남을 갖게 된다. 그 후 성 다미아노 성당 십자가에서 '나의 집을 고치라'는 주님의 말씀을 듣게 되었고 이 체험을 바탕으로 아씨시의 귀도 주교 앞에서 아버지와의 관계를 끊고 나병 환자들을 돌보는 일에 열심을 내고 세 곳의 성당을 수리하였다. 1209년 혹은 1210년에 첫 동료들과 함께 로마로 가서 교황 인노첸시오 3세로부터 회칙을 구두로 인준받았다. 아씨시로 돌아온 후 다시 뽀르지웅꿀라로 돌아가 수도 생활을 하였다. 이즈음에 시리아로 선교여행을 떠났지만 폭풍을 만나 되돌아 왔고 성녀 글라라(St. Clare)를 1212년에 뽀르지웅꿀라에서 복음적 생활로 받아들였다. 순교를 목적하고 1213~4년까지 모로코를 향해 스페인까지 갔지만 병으로 되돌아 왔다. 1219년 회교도를 개심시킬 목적으로 술탄 멜렉엘까멜을 만나 그에게 감명을 주고 성지를 순례하기도 하였다. 1221~2년까지 이탈리아를 두루 돌아다니며 설교를 하였다. 1224년 9월 17일 라베르나 산에서 스랍에 둘러싸인 십자가의 그리스도로부터 손과 발 그리고 옆구리에 오상(五傷)을 받게 되었다. 당나귀를 타고 움브리아 지방을 다니면서 복음을 전하였으며 1225년 봄에 성 다미아노 수녀원에 머무르면서 위장

병과 눈병 치료를 받았다. 이 시기에 태양의 노래(Canticle of the Sun)를 쓴 것으로 보인다. 1226년 7, 8월에 죽음이 다가온 줄 알고 아씨시로 돌아가 유언을 쓰고 10월 3일에 뽀르지웅꿀라에서 해질녘에 임종하였다. 10월 4일 성대한 장례식이 거행되었고 1228년 7월 16일에 교황 그레고리오 9세로부터 성인품에 오르게 되었다.

그의 생애는 신비로 장식된 일생이라고 할 수 있을 것이다. 그는 사람들뿐 아니라 하늘을 나는 새들에게도 설교하였으며 그가 베푼 기적은 너무나도 많다. 그의 사후에 나타난 기적들도 많이 알려졌다. 보나벤뚜라가 그의 전기를 기록한 목적이 너무 많은 소문과 기적들이 난무하고 있었기에 그것을 정리하고자 하는 취지였다는 것만 보아도 중세에 끼친 프란체스코의 영향력을 알 수 있다. 그는 신학을 공부한 신학자라기보다는 삶으로 모범을 보인 거룩한 성인이며 그의 글들은 신학에 관한 논문이라기보다는 오히려 시(詩)에 가까운 것으로 보인다. 사실 그는 시편을 가장 많이 읽었다. 더구나 교황 그레고리 9세가 공인한 성 프란체스코의 오상(五傷)은 너무도 유명한 것으로 그가 얼마나 그리스도를 사모하였는지를 보여주는 단적인 예라 하겠다.

그는 기도의 사람이었다. 어떤 환경도 그가 기도하는 것을 방해할 수는 없었다. 육체의 질병이나 나태함은 오히려 그를 더욱 강한 기도의 사람이 되게 하였다. 그는 자신의 육체를 가리켜 '당나귀'라고 불렀으며 육체를 괴롭게 해서라도 하나님께 나아가고자 하였다. 그는 매해 적어도 두 번 이상 40일 금식기도를 드렸다. 또한 그는 설교의 사람이었다. 그는 설교를 하기 위하여 세상으로 나아갈 것인지, 아니면 수도원에서 계속 기도만 할 것인지에 대하여 많이 고심하였다. 그는 설교를 한다는 것은 영혼에 먼지가 들어가게 하는 것이고, 수양에 많은 주의 산만과 해이함을 가져다주는 것이라고 생각하였기 때문이다. 하지만 다른 사람들의 영혼 구원은 설교를 통하여 이루어진다. 이 두 문제로 고심하던 성 프란체스코는 결국 스스로 결정하기 어려워 성녀 글라라와 실베스테르라는 제자에게 충고를 청하였고 그들은 당연히 설교해야 함을 역설하였다. 이에 순명(順命)의 마음으로 나아가 교황을 비롯하여 수많은 사제들과 만나는 모두에게 망설임 없이 설교하였다. 또한 새와 토끼와 같은 미물에게도 설교를 하였으며, 미물들은 그의 설교에 충분히 응답하였다. 그들의 응답을 바라본 성 프란체스코는 도리어 일찍 새들에게 설교하지 못한 자신을 가책했다고 한다.

3. 프란체스코의 잠언 및 특별한 행적

1) 성 프란체스코의 직접적인 말

- 인간이 자신에 대해 너무 자신만만하면 적에 대하여는 더욱 방심하게 될 것이오. 그리고 만약 마귀가 인간의 머리칼 한 올이라도 자기 것이라 부를 수 있게 되면 그는 즉시 그것으로 밧줄을 만들 것이오.
- 온갖 악한 욕망의 근원은 게으름이다.... 나는 우리 수도자들이 열심히 일하기 바라며 늘 바쁘기를 바란다. 하는 일이 없이 게을러지면 마음과 혀는 곧 불미한 얘기로 가득 차고 말 것이다.
- 만일 전능하신 하느님께서 나에게 해 주신 그만큼 죄인을 위해 해 주셨다면 그 죄인은 나보다 더 많이 하나님께 감사할 것이다.
- 그 어떠한 것도 영혼의 구원보다 앞서는 것은 없다.
- 누구도 기도 없이는 하느님께 봉사하는데 있어서 진보할 수 없다.
- 죽음이 다가오고 있으니, 아니 차라리 생명이 가까이 다가오고 있으니 기쁨에 넘친 큰 소리로 주님께 찬미의 노래를 불러다오.(유언으로 남긴 말)
- 정욕의 유혹을 극복한 프란체스코와 뽀르지웅꼴라의 성 마리아 성당에서 들린 음성의 대화.

  "프란체스코야, 너에게 겨자씨 한 알 만한 믿음이라도 있다면 이 산더러 '여기서 저기로 옮겨라'해도 그대로 될 것이다" "주여, 어떤 산을 제가 옮기기를 바라십니까?".... "그 산은 너의 유혹이다" .... 이에 울음을 터뜨린 프란체스코가 말했다. "주여, 말씀하신 대로 저에게 이루어지소서"

곧 모든 유혹이 물러갔고, 그는 거기에서 풀려나와 마음 깊숙한 곳으로 들어가 온전히 고요해졌다.

- 악마들은 우리가 분에 넘쳤던 것을 벌하시려고 주님께서 도구로 쓰인 우리 주님의 부하다.
- 육신 형제는 신중히 돌봐 줘야 한다. 그렇게 함으로써 거세게 몰아치는 나쁜 성미를 잠재울 수 있다. 그러면 육신은 깨어 있어도 피곤할 줄 모르며 기도 중에도 참고 견딜 것이고 불평할 기회를 얻지 못할 것이다. 하지만 충분한 음식을 취하고도 투덜거리는 게으른 짐승은 따끔한 맛을 보아야 하고 굼뜬 당나귀에게는 회초리 밖에 남아 있는 것이 없다.

2) 성 프란체스코의 특별한 행위 또는 일화

- 그는 판단하기 어려운 상황을 만나면 복음서를 세 번 펼쳐 읽은 말씀들을 묵상하였다.
- 그는 최소한 일 년에 두 번(주현절 후와 성모승천축일 후) 40일 금식을 하였으며 수시로 40일을 금식하였다.
- 그가 기도할 때 자주 탈혼(入神)의 경지에 들어갔으며 몸이 허공에 들려지기도 하였다.
- 그는 가난과 굶주림, 그리고 고뇌로 찾아온 육신의 고통을 '자매들'이라고 불렀다.
- 그는 촛불을 끄지 않고 스스로 꺼지게 하였다. 그 밝음을 손으로 소멸시키기 싫어하였다. 나무를 벨 때도 통째로 베지 못하게 하였다. 다시 싹이 틀 수 있도록 하기 위해서였다. 밭을 갈아도 밭 둘레는 놓아두게 하였다. 때가 되면 꽃과 풀이 피어야 하기 때문이었다. 밭 가운데도 향기로운 화초를 심기 위하여 작은 터를 남겨두게 하였다. 길을 가다 길 가운데 있는 벌레를 보면

옮겨주었다. 발에 밟히지 않게 하기 위해서였다. 꿀벌이 한겨울을 잘 날 수 있도록 꿀과 가장 좋은 포도주를 가져다주었다.

– 성 프란체스코는 남을 비난하는 것을 가장 싫어하였다. 그런 말을 하는 사람은 독약을 혀로 실어 와서 그것으로 다른 형제를 물들게 한다고 말했다. 비난의 대화가 있으면 반드시 그 자리를 피했는데 그런 말을 들으면 귀가 더러워진다고 생각하였기 때문이다.

교회사 | 제7강

종교개혁사

1. 에라스무스(Desiderius Erasmus, 1469 ~ 1536 – Erasmus of Rotterdam)

네덜란드 출신의 사생아. 천재적인 두뇌로 고전학문에 대한 많은 관심을 기울였으며 헬라어 연구를 시작하여 성경과 기독교 문학 연구에 몰두하였다. 그에게 있어서 기독교는 온건하고 중용을 지키는 균형적인 생활로 묘사되었으며 예수님의 말씀을 스토아 철학과 플라톤주의의 정수와 비슷한 것이라고 생각하였다. 결국 그는 이성(理性)을 통하여 감성과 정열을 통제하는 것에 주안점을 둔 것이라고 하겠다. 특히 교회는 뒤떨어진 전통과 관습을 개혁하여 온건하고 절제할 줄 아는 생활을 지향하고 학문과 명상을 통해 내면적 경건에 충실해야 한다고 생각하였다.

그는 휴머니즘(Humanism)의 선구자로 종교개혁의 사상적 토대를 마련한 훌륭한 인물로 손꼽히는 사람이다. 비록 개혁파와 교황 사이의 중간에 있으면서 그 어느 쪽도 지지하지 않았지만, 중용적 신학의 견해를 견지함으로 모든 사람의 존경을 받았던 사람이다.

2. 종교개혁사

"교회의 타락은 극도에 달하여 성직자들은 자기에게 맡겨진 영혼들에게 오히려 해독을 끼치고 있다. 성직자들의 대부분이 공공연하게 첩을 두고 있으며 만약 교회에서 이를 처벌하고자 한다면 이에 반항하여 오히려 문제를 야기시킨다. 그들은 폭력을 사용해서까지 정의의 수행을 막고 있다."

– 1500년 11월 20일 스페인의 이사벨라 여왕

16세기를 시작하는 시점에 있어서 중세 서방교회의 타락상은 유래가 없는 지경으로 치닫고 있었다. 성직자들은 공공연히 성직을 매매하였으며, 축첩(蓄妾)하였고 그 속에서 생겨난 사생아들은 공개적으로 부양되었다. 수도원과 수녀원은 사치와 향락의 무대로 전락해 버렸으며 심지어 군주들과 고위 귀족들은 첩에게서 낳은 자녀들을 수도원장, 수녀원장에 임명함으로서 생활의 기반을 마련해 주고자 하였을 정도였다. 또한 면죄부와 같은 날조된 신학사상은 성직자들의 부귀영화를 위하여 각양의 도구들로 전락하고 있었다.

이러한 타락상은 비단 성직자들에게만 국한되었던 것은 아니었다. 농노(農奴)에 대한 지주들의 착취 역시 너무나도 심각한 지경으로 흐르고 있었다. 대다수 서민들은 지주에게 착취당하고 다시 교회에게 빼앗기는 이중고를 안고 심각하게 몰락해가고 있었던 것이다. 이에 농노에 의한 반란들, 또한 신앙적 염세주의가 탄생시킨 종말론적 운동들, 그리고 새로운 질서의 갈망에 대한 공공연한 반대의견들이 16세기를 시작하면서 터진 봇물처럼 밀려들고 있었다.

게다가 때마침 불기 시작한 과학의 발전은 더 이상 교회의 가르침을 그대로 인정하지 못하게 하였으며 인쇄술의 발달은 이런 반란의 사상들을 더더욱 심각하게 부추기고 있었다. 당시 개혁의 기치의 첨병은 인문주의에 있었는데 다방면의 여러가지 주장이 혼재(混在)하고 있었지만, 모두들 고전학문, 특히 고대 그리스의 학문에 심취하였다는 것은 공통된 것이었다. 이처럼 에라스무스를 중심으로 한 사상의 개혁은 종교개혁의 불꽃을 서서히 달구고 있었다.

종교개혁은 독일에서 가장 먼저 피어오르기 시작하였다. 그 중심에는 신학박사이며 교수였던 마틴 루터가 있었다. 물론 루터 이전에도 수많은 개혁가들이 있었지만 대부분 큰 성과를 올리지 못하고 교황청의 칼날에 쓰러져갔다. 하지만 루터는 개혁의 기치를 끝까지 놓치지 아니한 위대한 개혁자였던 것이다.

사실, 루터가 처음부터 종교개혁을 이루려고 하였던 것은 아니었다. 그는 단지 잘못된 신학사상들에 대하여 공개적인 토론을 원했을 뿐이었다. 그래서 1517년 10월 31일 비텐베르그 성당의 예배당 정문에 95개의 반박문을 누구나 알 수 있는 독일어가 아니라, 신학자들만의 언어였던 라틴어로 써붙였던 것이다. 하지만 그의 반박문은 곧 유럽 전역으로 퍼져나갔으며 당황한 교황청은 서둘러 루터를 파면해버리고 말았다.

1521년 보름스(Worms) 국회에서 파면을 받고 난 루터는 이런 최후 진술을 남겼다.

"하나님, 내가 여기 있나이다. 나를 도우소서!!!

– Here I Stand. Help Me God!! – Ich stehe hier. helfe mir Gott!!"

이렇게 타의에 의하여 개혁의 선봉에 서게 된 루터는 우선 독일어로 성경을 번역하기 시작하였으며, 그에 의하여 번역된 성서는 유럽 전역의 민중을 깨우는 위대한 역사를 이루게 되었다. 때마침 1523년부터 토마스 뮌처(Thomas Muntzer)를 중심으로 시작된 농민전쟁은 종교개혁의 불길을 더욱 사납게 달구었다. 하지만 루터는 그들과 함께하지는 않았다.

독일에서 시작된 종교개혁은 유럽 전역으로 번져나가기 시작하였다. 특히 스위스는 독일과 더불어 가장 성공적으로 종교개혁을 거둔 나라였다. 이러한 배경에는 두 사람이 있었는데 쯔빙글리(Ulrich Zwingli, 1484~1531)와 존 칼빈(Jean Calvin, 1509~1564)이 바로 그들이다. 쯔빙글리는 취리히에서, 칼빈은 제네바에서 각기 성공적으로 종교개혁을 이끌었다. 특히 칼빈은 1555년부터는 제네바 전체를 성시(聖市)화 시키고 직접 통치하기도 하였다.

하지만 종교개혁은 일부 지역에서는 과격파들과 연합하여 폭도로 흐르거나, 지나친 종말론적 사상으로 말세 지향적인 이단성향을 띄기도 하였다. 그 대표적인 사람들이 재세례파(Ana-baptist)들이었는데, 무서운 핍박을 직면해야만 하였다. 또한 유럽 대부분이 개혁에 성공한 반면 프랑스나 이탈리아, 스페인 등은 교황의 권력이 승리하여 지금까지도 카톨릭이 지배적인 종교로 남아있기도 하다. 더불어 영국은 성직자들에 의해서가 아니라 국왕에 의하여 개혁이 이루어지게 되었는데, 헨리 8세(Henry Ⅷ, 1491~1547)가 그 중심에 서 있었다. 하지만 그는 아들을 얻기 위하여 두 번이나 이혼을 반복하여 세인의 지탄을 받았다. 그리고 그 과정에서 탄생한 메리(Mary-Bloody Mary, 1516~1558), 엘리자베스(Elizabeth, 1533~1603), 에드워드 6세(Edward, 1537~1553)가 차례로 집권하면서 에드워드는 개신교를, 메리는 카톨릭을, 다시 엘리자베스는 개신교를 지원함으로 지속적인 파탄과 탄압에 시달리게 되었다. 이 과정에서 성공회(聖公會, Anglican Communion)가 자리를 잡게 되었던 것이다.

3. 생각해 볼 문제

1). 종교개혁은 꼭 일어나야만 하였는가?

- 당시의 시대 상황뿐 아니라, 교리적으로도 카톨릭은 잘못된 길을 걷고 있었다. 우선, 성서가 라틴어로 묶여 제 역할을 하지 못하였으며 잘못된 사상과 교리들이 혹세무민(惑世誣民)하고 있었던 것이다. 이런 와중에서 종교개혁은 신앙의 바른 정립을 위하여 일어선 필연적인 산물이라고 보는 것이 정당한 견해일 것이다.

2). 카톨릭은 개혁하지 아니하고 그대로인가?

– 종교개혁 이후 카톨릭 역시 많은 개혁을 이루게 되었다. 스페인의 이사벨라 여왕을 중심으로 시작된 카톨릭 개혁은 새로운 수도회가 조직되면서 박차를 가하게 되었다. 대표적으로 테레사(St. Teresa of Avila)와 십자가의 요한(St. John of the Cross)을 중심으로 하는 맨발의 갈멜 수도회(Discalced Carmelites), 그리고 로욜라(Ignatius Loyola)를 중심으로 하는 예수회(Jesuits) 등의 탄생이 그것이라 하겠다.

교회사 | 제8강

마틴 루터

Martin Luther, 1483~1546

1. 십자가의 신학(Theologia crucis, Theology of the Cross)

마틴 루터의 가장 대표적인 신학이다. 하나님께서 인간을 구원하시기 위하여 친히 십자가를 지고 내려오셨다. 십자가를 통하지 않으면 그 누구도 구원에 이를 수 없다. 십자가란 무엇인가? 그건, 인간이 어찌할 수 없는 죄인임을 보여주시는 것이다. 어떠한 노력으로도 벗어날 수 없는 죄인, 그래서 가장 끔찍하고 가장 처절한 십자가를 통해서만 구원이 이루어질 수 있다는 것을 직접적으로 보여주시는 것이다. 그리스도께서 그러한 길을 걸어가셨다면, 우리 역시 십자가를 거절해서는 안 된다. 겸손하게 엎드려 자신을 부정하고 스스로의 십자가를 져야만 하는 것이다. 그래서 스스로 낮아지게 될 때, 세상 사람들이 보기에도 스스로 겸비해지고 낮아지게 될 때, 하나님은 그러한 우리를 높이시고 구원해주신다는 것이다.

십자가는 인간 경험세계의 모든 능력이 끝나는 순간이다. 인간의 가능성이 끝나고 하나님의 능력이 역사하기 시작하는 순간을 말한다. 인간의 모든 경험이 철저히 패배하여 죽어 버리고 하나님의 구원 역사가 부활하는 사건이 곧 십자가이다. 김홍기, 『세계기독교의 역사이야기』 p. 120

사실, 십자가는 역사의 수수께끼이다. 실제적으로 십자가는 완벽한 패배이기 때문이다. 예수님은 이 세상에 오셔서 완벽하게 패배하신 것이다. 그런데, 그 십자가를 통하여 구원이 이루어지는 것이다. 이것을 루터는 인간의 모든 가능성이 패배하고, 철저하게 자신을 낮추는 절망에 빠져들게 될 때, 비로소 하나님의 역사가 이루어진다고 보았다. 인간의 끝이 바로 하나님의 시작이라는 분명한 확신이 이 십자가에서 시작되는 것이라고 하겠다.

2. 마틴 루터

1483년 11월 10일 가난한 농부의 가정에서 태어났다. 그의 부친은 루터가 어렸을 때, 농부에서 다시 광부가 되어야 하였다. 하지만 신앙심은 독실하였고, 또 독일의 부모답게 아주 엄격한 사람들이었다. 1505년 석사학위를 마친 루터는 부모의 뜻을 따라 법학을 공부하려고 하였다. 그러나 7월 2일 친구와 함께 길을 걷던 중 갑자기 벼락이 내리쳐 친구가 죽게 되었다. 겁에 질린 루터는 그 순간 수도사가 되겠다는 서원을 자기도 모르게 내뱉고 말았다. 보름 뒤 아버지의 반대를 무릅쓰고 루터는 수도원에 들어갔다. 그리고 1507년에 신부 안수를 받고 신학을 공부한 뒤 1509년부터 대학교수가 되었다.

1510년 로마 교황청을 방문하여 구원의 확신을 얻기 위해 무릎으로 계단을 오르던 루터는 도리어 심한 절망감에 빠지고 말았다. 계속해서 신학을 가르치는 교수로 살아가던 루터는 이 문제, 곧 구원의 확신에 대한 문제를 해결하기 위하여 부단한 노력을 아끼지 않았다. 하지만 중세 스콜라 신학이 가진 한계, 즉 인간의 노력으로 구원을 획득한다는 이론은 루터로 하여금 도무지 만족할 수 없게 만들었다. 아무리 노력에 노력을 거듭하여도 여전히 마음속에는 죄가 도사리고 있었기 때문이었다.

결국 1517년 10월 31일 95개조의 반박문을 라틴어로 작성한 루터는 그것을 비텐베르그 대학교 성곽 예배당 정문에 붙여놓게 되었다. 그는 단지 신학적 토론을 원하였을 뿐, 이 일이 종교개혁의 효시가 되리라고는 생각하지 못하였다. 하지만 이 반박문은 삽시간에 유럽 전역으로 배포되었으며 곳곳에서 이 반박문을 중심으로 개혁의 기치가 높여지기 시작하였다.

이런 와중에서 1518년 혹은 1519년에 루터 스스로 '탑 속의 체험'(Tower Experience)라고 부르는 회심의 사건을 경험하게 된다. 이 사건이 어떤 것이었는지는 알 수 없지만, 이 사건을 통하여 루터는 완전히 새사람이 되었다. 그동안 그토록 고심하고 매여있던 구원의 문제가 이때, 확연하게 풀려진 것이다. 하나님은 인간의 노력을 통하여 구원을 이루시는 것이 아니라, 전적인 은총, 곧 십자가의 은총을 통하여 구원을 이루시는 것이라는 확신이 들었다.

그것은 그동안 그렇게 강의했던 로마서의 한 구절을 통하여 이루어진 깨달음이었다. 사실, 루터는 로마서를 수없이 가르치고 또 묵상했지만 이제야 비로소 그 진가를 깨닫게 된 것이었다. 그 말씀은 바로 로마서 1장 17절의 말씀이었다. "복음에는 하나님의 의가 나타나서 믿음으로 믿음에 이르게 하나니 기록된바 오직 의인은 믿음으로 말미암아 살리라 함과 같으니라!"

1521년 로마 교황청은 보름스에서 재판을 열어 루터를 파면시켰다. 당시에 파면이라면 법의 보호를 받을 수 없음을 의미하는 것으로 사형과 같은 것이었다. 결국 루터는 이름과 신분을 숨긴 채 제후들의 보호를 받으며 숨어 지내야만 하였다. 하지만 이 과정에서 루터는 라틴어 성경을 마침내 독일어로 번역하는 역사적인 일을 해내게 되었다. 그가 번역한 성경은 곧 유럽 전역으로 퍼져나갔으며, 곳곳에서 종교개혁의 깃발이 요원의 불길처럼 번져나갔다.

동시에 1523년부터는 토마스 뮌쩌를 중심으로 농민혁명도 일어나기 시작하였다. 그들은 루터에게 동참을 호소하였지만, 루터는 거절하였다. 루터에게 있어서 하나님의 나라는 두 왕국, 즉 교회와 국가로 이루어져 있는데, 루터는 다만 교회의 개혁만을 원할 뿐이었기 때문이다.

1525년 농민혁명이 끝난 뒤, 루터는 수녀들과 신부들을 중매해서 결혼시키기 시작하였다. 대부분의 수녀들이 신랑감을 찾아갔지만 마지막까지 신랑감을 찾지 못한 수녀가 있었는데, 카타리나 본 보라(Katharina von Bora)였다. 그녀 때문에 고심하던 루터는 마침내 마지막 방법을 찾아냈는데, 바로 자신과 결혼하는 것이었다. 그러나 루터의 이러한 노력은 교황청에게 비난의 빌미를 제공하는 것이었으며, 동시에 세인들의 비웃음을 사게 되었다.

하지만 루터는 1546년 하나님의 부르심을 받을 때까지 줄기차게 개혁을 향한 달음질을 쉬지 않았다. 사실, 그는 많은 질병에 시달리고 있었다. 1521년부터는 불면증을 앓고 있었으며, 이 병은 죽을 때까지 완치되지 않았다. 1525년경에는 담석증, 1537년에는 병명도 알 수 없는 괴질에 시달려야만 하였다. 귀에는 만성 염증이 있었으며 심장 협심증도 그를 괴롭혔다. 하지만 루터는 이런 모든 문제들에도 불구하고 최선을 다해 종교개혁에 매진하였다.

루터는 이 세상의 그 어떤 것보다 가장 우선하는 것이 바로 성경이라고 믿었다. 성경의 말씀만이 모든 문제의 확실한 대답이라고 주장하였던 것이다. 그러나, 축자적 영감설을 주장한 것은 아니다. 이것은 성경 가운데서도 특히 바울의 서신을 으뜸으로 여겼으며 믿음을 강조하지 아니하는 야고보서는 지푸라기 서신이라고 푸념하기도 하였던 것을 보아 알 수 있다. 하지만, 그가 성경에 가졌던 확신은 분명한 것이었다.

그는 종교개혁을 하면서, 세 가지를 가장 소중하게 여겼다. 이 세 가지는 모든 말씀에서 기인되는 것(Sola scriptura)으로 믿음, 은총, 그리스도였다. 그는 이 앞에 모두 '오직'이라는 수식어를 붙여 말하였다. 그래서 Sola Fide – Sola Gratia – Sola Christus!!!라고 늘 외쳤던 것이다.

3. 루터의 일화

카타리나 수녀와의 결혼으로 교황청과 농민들의 비난에 휩싸여 고민하던 루터가 절망에 빠져 집으로 돌아왔다. 그때 그의 아내는 장례식을 준비하고 있었다. 루터가 물었다 "누구의 장례식을 준비하고 있소?" 그러자 아내가 대답했다. "하나님의 장례식이에요!" "영원하고 전능하신 하나님께서 어떻게 죽을 수 있단 말이오?" 그러자 아내가 말했다. "하나님이 돌아가셔서 당신이 지금 절망하고 있는 것이 아닌가요?".... 현명한 아내의 지적으로 다시 새 힘을 얻은 루터는 모든 어려움을 이기고 종교개혁을 완수할 수 있었던 것이다.

교회사 | 제9강

존 칼빈

Jean Calvin, (영: John Calvin) 1509~1564

1. 기독교강요(基督敎綱要, Christianae Religionis Institutio, Institutes of the Christian Religion)

1536년 초판을 시작으로 1559년까지 계속 증보 출판된 칼빈의 가장 중요한 역서이다. 마틴 루터가 뜨거운 신앙으로 개혁의 선봉을 달렸다면 칼빈은 그 뒤를 이어 조직적인 신학을 바탕으로 개혁의 벽돌을 한 장씩 쌓았던 인물이라고 할 것이며 기독교강요는 그러한 칼빈의 노력을 대표하는 가장 중요한 저서라고 할 것이다. 사실상 칼빈을 종교개혁자가 되게 한 계기가 된 것도 이 책의 초판이 세상에 알려지면서이고 또한 그를 오늘날까지 위대한 신학자의 반열에 올려놓은 책도 역시 이 책이라고 하겠다. 이런 점에서 기독교강요는 종교개혁이 낳은 가장 위대한 걸작중의 걸작이라고 하여도 과언이 아닐 것이다.

이 책은 워낙 방대한 사상을 집대성하고 있어서 그 대강이라도 논하기가 어렵지만 가장 중요하다고 생각되는 다섯 가지 사상의 머리글자를 따서 'Tulip'이라고 부른 것에 대하여만 간단하게 설명하면, 전적타락(Total depravity) 무조건적 선택(Unconditional election) 제한된 속죄론(Limited Atonement) 불가항력적 은총(Irresistible glace) 성도의 견인(Perseverance of the saints)이 그것이다. 인간은 스스로의 힘으로는 도저히 구원받을 수 없는 전적인 타락의 존재이며, 이는 하나님의 불가항력적 은총으로 무조건적 선택에 의해서만 구원될 수 있고 그렇게 하여 구원된 성도는 하나님의 선택이기 때문에 반드시 구원에 이르게 된다고 하는 것이다.

이 사상의 가장 중요한 핵심은 그리스도의 십자가가 이미 창세 전부터 예비하신 선택된 사람들에 한하여 효력을 발휘한다고 하는 이중예정론(The Double Predestination)인데, 누구든 믿는 사람은 구원에 이를 수 있다는 예지론(預知論)과 상충되는 견해로 신학자들의 많은 논란을 부르고 있는 사상이다. 오늘날까지도 장로교를 비롯한 일부 교단의 핵심적인 교리로 주장되고 있는데, 사실, 칼빈 본인은 예정론보다 성화에 대한 관심이 더 높았음을 기억할 필요가 있다. 다만 열심히 그리고 바르게 신앙 생활하는 사람이야말로 구원이 예정된 사람이며, 반대로 아무리 권하여도 신앙을 받아들이지 않는 사람은 예정되지 못한 사람이라는 관점에서 주장된 것이라고 하겠다.

2. 존 칼빈

칼빈은 1509년 프랑스의 노용(Nojon)에서 태어났다. 처음에는 신부가 되기 위하여 노력하였지만, 로마 교황청에 회의를 품고 법학을 공부하여 학자가 되었다. 1529년에서 1532년 사이에 프로테스탄트로 회심하는 사건을 경험하게 되는데, 그 사건이 무엇이었는지는 정확하게 알 수 없다. 1533년 이후 종교적 탄압을 피하여 프랑스를 떠나 주로 스위스에 머물렀으며 그곳에서 종교개혁을 일으켰다. 사실, 루터와 마찬가지로 칼빈 역시 처음부터 종교개혁을 일으키려고 시도하지는 않았다. 단지 1536년 자신의 신학적 견해를 담은 『기독교강요』를 출판하게 되었는데, 이 책이 생각 이상의 호응을 불러일으켜 본의 아니게 개혁에 동참하게 되었다.

1536년 스위스의 제네바에 도착한 칼빈은 하루만 묶고 떠나려다 유명한 기독교강요의 저자가 제네바에 머문다는 정보를 들은 화렐(Guillaume Farel,

1489~1565)의 권유로 제네바에 머물게 되었다. 화렐은 당시의 부흥사와 같은 인물로 성직자였다. 그는 학자로 머물려는 칼빈에게 개혁에 동참하지 않는다면 저주를 받게 될 것이라고 위협하며 개혁에 동참을 호소하였는데, 이와 같은 일은 그 후로도 세 번이나 반복되기도 하였다.

칼빈과 화렐의 첫 번째 제네바 개혁은 사실상 실패로 끝나고 말았다. 그들의 요구가 너무 율법적이라고 판단한 제네바 의회의 반발 때문이었다. 그래서 칼빈은 프랑스와 독일의 국경에 접해있는 스트라스부르그(Strasburg)에 가서 프랑스 피난민을 중심으로 수년간 머물며 목회하였다. 사실, 그는 성직자가 아니었지만 늘 설교하였으며, 또한 성만찬도 집례하는 등, 성직자와 같은 위치에서 활동하였던 사람이다. 스트라스부르그에서 그는 미망인이었던 이델렛(Idelette de Bure)과 결혼하여 행복한 생활을 보내기도 하였다. 하지만 둘 사이에 태어난 아들은 생후 며칠 만에 죽었으며(1542년) 부인도 칼빈보다 먼저 세상을 떠나는 아픔을 겪어야 하였다(1549년).

칼빈이 떠난 후 제네바는 많은 고통을 겪은 후 다시 칼빈과 화렐을 초청하게 되었다. 그 해가 1541년이었는데, 칼빈은 그 후 죽을 때까지 제네바에서 개혁의 노력을 다하였다. 하지만 제네바의 종교개혁이 순탄한 것만은 아니었다. 부르주아적 귀족들의 나태한 반항과 자유주의자들의 도전, 그리고 무엇보다 신학적 도전이 거세게 일었던 것이다. 세르베투스(Michael Servetus, 1511~1553)와의 논쟁이 가장 정점에 달한 일이었는데, 칼빈과 제네바는 세르베투스를 종고재판에 회부하고 급기야 화형에 처해버리고 말았다.

그 이후로 칼빈의 제네바 개혁은 순조롭게 진행된 것으로 사려된다. 세 집 걸러 존재하던 술집은 모두 사라지고, 온 시민이 다 신앙서약에 서명하게 되었으며 1559년에는 제네바 학당(Genevan Academy)을 개관하여 후학을 양성하면서 정치적으로도, 신앙적으로도 확고한 위치를 점하게 되었다.

사실, 칼빈은 매우 병약한 사람이었다. 30도 안 되어 기관지 천식, 편두통, 소화불량으로 시달렸으며 50이 되었을 때에는 관절염, 출혈, 늑막염, 결핵으로 고통받았다. 그는 매우 완고한 사람으로 보이지만, 실상은 인자하고 자상하였으며 인내심이 강한 사람이었다. 비록 정치적인 지도자의 모습을 갖게 된 것이 사실이지만 그는 한 번도 그러한 것을 원하지 않았다. 늘 겸손하게 살고자 하였으며 성직자나 종교개혁자가 되기보다는 학자가 되려고 노력하였던 사람이다. 하지만 맡은바 직분에는 최선을 다하였으며, 그의 그러한 철저한 성품이 루터를 이은 종교개혁의 분명한 성공을 가져온 원동력이라고 할 수 있을 것이다.

3. 생각해 볼 문제

1) 제네바의 종교개혁 시 세르베투스(Servetus)를 화형에 처한 것은 옳은 일이었을까?

1553년 칼빈과 제네바 의회는 삼위일체를 거부하고 그리스도의 신성을 부정하였던 세르베투스를 화형 시켰다. 이 일은 당시에는 물론이고 지금까지도 칼빈과 개혁파들의 지나친 월권으로 지적되고 있다. 그것은 물론 지나친 처사였지만, 당시의 분위기가 아직은 중세적 종교재판의 열기가 식지 아니하였으며 인권이 지금과는 많이 다르게 대우되었다는 점에서 정상을 참작할 필요가 있다. 하지만, 여전히 이 문제는 칼빈의 중요한 실책으로 거론되고 있는 것이 사실이다.

2) 이중예정설(The Double Predestination)은 감리교의 예지론(Foreknowledge, Arminianism)과는 상충되는 견해가 아닐까?

예정론과 예지론은 종교개혁 이전부터 시작되어 그 이후에도 계속 논란이 되는 문제이다. 실제로 성서가 이 두 가지 사상을 다 포함하고 있기 때문이다. 따라서 교리적인 면만 본다면 이 문제는 두 교파의 중대한 차이점이라고 할 수 있다. 하지만, 시대 상황을 고려하여 본다면, 루터나 칼빈이 활동하였던 16세기는 교황청의 면죄부 판매가 보여주듯이 극단적 인간 중심의 구원론이 지배하였던 시기였으며, 반대로 18세기는 귀족들이 자신들의 선택을 당연한 것으로 간주하였던 시기라는 것을 감안하여 볼 필요가 있다고 하겠다.

교회사 | 제10강

존 웨슬리

John Wesley 1703~1791

1. 감리교 신학

감리교 신학은 크게 4가지 원리를 바탕으로 하고 있다. 성경, 전통, 체험, 이성이 그것이다. 이 가운데 3가지는 이미 성공회가 주장하던 것이었고 웨슬리는 거기에 체험을 더하였던 것이다. 감리교의 신학은 기존의 루터교나 장로교의 신학을 계승하면서 몇 가지를 수정하고 보완한 것이라고 할 수 있다. 루터나 칼빈과 마찬가지로 선재적 은총(Prevenient Grace)을 은혜의 근본으로 생각하고 있다. 하지만 자유의지에 있어서는 은총을 통하여 자유의지가 온전하게 회복되었다고 보기에 칼빈의 이중예정론을 부정하면서 '만인속죄론' 즉, 예수님의 십자가는 예정된 사람만을 위한 것이 아니라 모든 사람을 위한 것이라고 주장하였다.

또한 웨슬리는 성화(Sanctification)를 인생의 중요한 목적으로 보았다. 루터는 성화가 불가능한 것이라고 생각하였지만 웨슬리는 믿음은 행함으로 보여져야 한다는 야고보서의 신학을 계승하여 성화를 강조하였는데, 특히 산상수훈을 강조하여 성도의 삶은 점진적으로 성화를 향해 나아가야 한다고 보았던 것이다. 이 점에 있어서 웨슬리는 의인화에 역점을 둔 루터도, 예정에 역점을 둔 칼빈도, 성화에 역점을 둔 카톨릭도 모두 발전적으로 계승한 것이라고 할 수 있다.

2. 존 웨슬리

1703년 6월 17일 성공회 목사인 사무엘 웨슬리(Samuel Wesley)와 수산나(Susanna Wesley) 사이에서 19 남매 중 15번째로 태어났다. 아버지 사무엘은 당시 인기가 없는 목회자였지만 어머니의 노력으로 목회하였다고 할 수 있다. 그만큼 그녀의 모친은 훌륭한 여인이었다. 그 많은 자녀들을 일일이 기도로 키웠으며, 잘 양육하였고 남편이 출타 중일 때에는 교인들을 대신 가르치고 훈련시켰다. 그녀는 남편보다 훨씬 인기가 좋았다.

웨슬리는 1720년 옥스퍼드 대학에 진학하여 1725년 성공회 목사가 되었다. 이듬해인 1726년부터는 옥스퍼드 대학의 교수가 되었으며 이때부터 신성클럽(Holy Club)을 조직하여 경건 훈련에 힘썼다. 당시 신성클럽은 대략 14, 5명 정도가 모여 본인들의 신앙생활뿐 아니라 사회의 소외계층을 위하여 헌신적인 노력을 기울였다. 1735년 웨슬리는 미국의 조지아(Georgia)주로 선교여행을 떠나게 된다. 그때 배 안에서 폭풍을 만나 죽음의 공포로 시달리다 모라비안(Moravian)들의 찬송을 듣고 감화를 받았다. 인디안들에게 복음을 전하겠다는 부푼 꿈을 안고 갔지만 결과는 실패로 끝나고 말았다. 그리고 마침내 1738년 5월 24일 올더스게이트(Aldergate)의 한 작은 집회에 참석하였다가 회심의 체험을 하게 되었다. 웨슬리의 이 역사적인 체험은 그의 일기에 잘 적혀있다.

"저녁에는 별로 마음이 내키지 않은 채 올더스케이트 가에 있는 어느 모임에 갔는데 거기서 한 사람이 루터의 로마서 주석의 서문을 읽고 있었다. 9시 15분 전쯤 되어서 그가 계속하여 그리스도를 믿는 믿음을 통하여 하나님께서 마음에 변화를 일으키시는 역사를 하신다고 설명을 하고 있었는데 내 마음이 이상하게 뜨거워짐을 느꼈다. 나는 구원을 받기 위하여 그리스도를, 오로지 그리스도만을 믿는다고 느꼈다. 뿐만 아니라 주께서 내 모든 죄를 씻으시고 나를 죄와 사망의 법에서 구원하셨다는 확신이 생겼다. 나는 악의적으로 나를 이용했거나 박해한 사람들을 위하여 있는 힘을 다하여 기도하기 시작하였다. 그러고 나서 나는 생전 처음 내 마음속에 느낀 것을 거기에 있는 모든 이들에게 터놓고 간증을 하였다. 그러나 얼마 안 가서 원수 같은 마귀는 넌지시 이렇게 속삭였다. "이것은 믿음일 수가 없다. 그렇다면 기쁨은 어디에 있느냐?" 그때 나는 배웠다. 평화와 죄에 대한 승리는 우리의 구원의 대장 되시는 주님을 믿는 믿음에 있어서는 필수적인 것이다. 뿐만 아니라 보통 처음에 생기는 황홀한 기쁨 특히 깊이 애통한 사람들에게 있어서 기쁨은 하나님의 뜻에 따라 때로는 주시기도 하고 때로는 주시지 않기도 한다는 것을 배웠다.

집에 돌아온 후에 나는 여러 가지 시험으로 몹시 괴로웠다. 그러나 큰 소리로 외쳤더니 모두 사라지고 말았다. 그 시험은 자꾸 되돌아왔다. 그럴 때마다 나는 눈을 들어 주님을 향하자 주께서는 "주의 거룩한 곳으로부터 나에게 도움을 보내 주셨다" 나는 여기서 이런 체험과 주로 전에 일관되었던 나의 신앙상태 사이에 커다란 차이가 있는 것을 발견하였다. 나는 싸웠다. 그렇다. 나는 율법 아래서 뿐만 아니라 은총 아래서 역시 있는 힘을 다하여 투쟁을 하고 있었다. 그러나 과거에는 자주 그런 것은 아니었지만 때때로 승리하였다. 그러나 현재에는 늘 승리하는 사람이 되었다."

이 체험 이후 웨슬리는 선교의 열정으로 죽어가던 영국을 위해 일어서게 된다. 부자들만 가득한 교회를 벗어나 야외에서 설교하기 시작하였다. 그러자 성공회 감독이 웨슬리를 불러 교회 밖에서 설교하면 안 된다고 책망하였다. 그러자 웨슬리는 "세계는 나의 교구다–The World is my Parish"라고 대답하였다. 그는 탄광에서도, 빈들에서도, 빈민가에서도 어디든지 설교하였으며 그의 조직은 점점 확대되었다. 영국뿐 아니라 미국에까지도 그의 신앙은 퍼져나갔으며 수많은 사람들이 성령의 체험을 받고 새사람이 되었다. 웨슬리는 속회를 중심으로 사회의 변혁도 주도하기 시작하였는데, 속회는 훗날 노동조합으로 발전되었다. 웨슬리는 매주일 금요철야를 하였고 매일 새벽기도를 드렸으며, 금요일마다 속회를 드렸다.

웨슬리는 죽는 날까지 복음을 전한 사람이었다. 그는 늘 말을 타고 전국을, 아니 전 세계를 돌아다니고 있었는데 그는 적게는 세 명에게도 설교하였으며 많게는 삼만 이천 명에게도 설교하였다. 그는 평생 20만 마일(32만 Km)을 여행하였으며 총 4만 번 이상 설교하였다.

그는 도무지 자신의 것을 소유하지 않았던 사람이었다. 1791년 3월 2일 런던에서 86세에 사망하는데 그가 남긴 재산은 단지 은수저 한 벌과 몇 페니의 동전뿐이었다. 그의 유언은 "내 생애에 가장 좋은 말은 임마누엘이다"였다. 그는 평소에 사람들에게 말하기를 "할 수 있는 대로 많이 벌고, 할 수 있는 대로 많이 모으고, 그리고 할 수 있는 대로 모든 것을 주어라 - Gain all you can, Save all you can, Give all you can"라고 하였다. 실제로 그는 수입의 9/10를 가난한 사람들에게 나누어주었다. 그는 말하기를 "수입의 1/10을 나눠주는 자는 유대인의 신앙이요, 1/2를 나눠주는 자는 바리새인의 신앙이요, 가족과 자신이 필요한 것을 위해 돈을 쓰는 것 이외에 전부 나눠주는 것이 온전한 크리스천의 신앙이다"라고 하였으며 그대로 살았다.

반면에 가정적으로는 불행한 사람이었다. 1725년 샐리(Sally Kirkham)에게 구혼하였다가 거절당하였으며 조지아주에서는 소피(Sophy Hopkey)와의 사랑에 실패하였다. 그녀와의 사랑을 놓고 막대기로 시험하다가 막대기가 반대편으로 떨어져 헤어진 것이었다. 그녀는 곧 다른 남자와 결혼하여 성찬식에 나왔는데 웨슬리는 그녀에게 성찬을 주지 않았다. 1751년 48세에야 비로소 자녀가 네 명이나 있었던 메어리(Mary Vazeille)와 결혼하였는데, 불행하게도 그녀는 의부증을 앓는 정신병자였다. 웨슬리는 키가 작고 힘이 없어 늘 박해를 받았다.

웨슬리는 여성 해방을 위하여 앞장섰던 사람이다. 실제로 감리교는 세계 최초로 여성에게 목사안수를 주었고, 여성 장로를 세우기도 하였다. 그뿐 아니라 흑인의 인권을 위하여 노예해방에도 앞장섰으며, 빈민을 위하여 학교를 세우고 사회를 위하여 최선을 다한 것으로 유명하다.

3. 생각해 볼 문제

– 감리교를 'Methodist'라고 부르는 이유는?

Methodist란 극단적인 규칙주의자를 비난하는 말로, 옥스퍼드의 교수 시절 조직한 신성클럽(Holy Club)이 지나치리만치 경건한 삶을 살았던 것을 다른 학생들이 비난하느라 부친 별명이었다. 실제로 신성클럽의 회원들은 일주일에 2일(수요일과 금요일)을 금식하였으며, 일주일에 3, 4일 이상 저녁마다 모여 희랍어 성경을 읽었다. 매주 감옥을 돌아보고 가난한 사람들을 위하여 사재를 모아 구제 운동을 펴는 등, 남다른 열심을 보였던 것이다. 처음에는 놀리는 말로 불리던 Methodist를 웨슬리를 비롯한 초기 감리교인들이 그대로 수용하였기 때문에 아직도 이 말이 쓰이고 있다.

교회사 | 제11강

현대 교회사

1. 양차 세계대전과 기독교

16세기부터 불기 시작한 과학과 합리주의의 열풍은 19세기에 이르러 절정에 달하게 되었다. 신대륙의 발견과 서구 열강의 엄청난 화력 앞에 전 세계는 대부분 식민지로 전락하고 말았다. 인간의 능력은 무한한 것으로 여겨졌으며, 과학은 모든 문제의 완전무결한 해결사로 생각되었다. 19세기의 거의 모든 철학자들은 신앙에 대하여 크게 고심하지 않았다. 그들은 오직 인간이 모든 문제의 중심에 있다고 생각하였을 뿐이다. 신학도 역시 이에 부응하여 사신신학(死神神學)과 같은 사조가 유행하였고 기껏해야 이신론(理神論, Deism) 정도가 등장하였을 뿐이었다. 하지만 이러한 사회 풍조와는 달리 완고한 신앙을 고수하려는 사람들도 많이 등장하였는데 대표적인 사람들이 청교도(淸敎徒, Puritanism)들이었다.

어쨌든 과학은 무한대로 발전하였으며 인간이 하나님의 자리까지 탈환한 것처럼 보일 지경이었다. 그러나 그러한 인간의 자만심은 20세기에 들어서면서 벽두부터 시작된 두 차례에 걸친 세계대전[1]으로 완전히 무너지게 되었다. 인간이 그토록

1) 1차 세계대전(1914~18)
동맹국(독일·오스트리아-헝가리·터키)과 연합국(프랑스·영국·러시아·이탈리아·일본이며 1917년부터 미국도 가담)이 맞서 싸운 이 전쟁은 동맹국의 패배로 끝났고, 4개의 거대한 제국(독일·러시아·오스트리아-헝가리·터키)의 몰락을 가져왔다. 그 결과 러시아에서는 볼셰비키 혁명이 일어났고, 유럽의 불안정은 제2차 세계대전의 불씨가 되었다.

자신하던 근대 합리주의는 경제공황과 극빈자 계층을 낳았을 뿐이며 과학은 원자 폭탄이라는 가공할 살상무기로 이어지게 되었던 것이다. 이렇게 되자 신학은 다시 정통으로 돌아가야 한다는 목소리에 힘을 싣게 되었으며 신앙도 보수주의적 부흥 운동이 주류를 이루게 되었다.

2. 현대 교회사

영국의 종교개혁은 정치적인 바탕에서 진행되었다. 그 결과 카톨릭과 개신교의 중간적인 입장을 취하게 되었다. 그러자 순수한 신앙을 주장하던 개혁적인 신앙인들은 큰 불만을 품게 되었다. 이들은 대부분 칼빈의 신학을 수용하는 사람들로, 교회는 절대적으로 정치와는 무관해야 하는 것이며 사역자들까지도 교인들이 직접 선임해야 한다고 생각하였다(會衆敎會). 하지만 영국 성공회는 정치적인 입장을 강요하였고 그 결과 이들의 일부는 영국을 버리고 신대륙을 향하여 망명의 길에 오르는 사람들까지 생기게 되었다. 그들이 바로 청교도(淸敎徒, Puritanism)들이었다. 이들은 1620~40년 사이에 무려 2만 명이나 되는 사람들이 신대륙으로 건너가 새로운 삶을 시작하게 되었다. 평신도 사역 중심의 회중교회는 침례교(Baptists)로 이어져 지금까지 미국의 중요한 교파로 자리매김하게 되었다.

이후 사실상의 개신교 역사는 미국을 중심으로 이룩하게 되었다고 하여도 과언이 아닐 것이다. 왜냐면 유럽은 이미 종교 개혁적 바탕이 어느 정도 확립되어 있

---

2) 2차 세계대전(1939~45)

주요참전국은 독일·이탈리아·일본(추축국-樞軸國)과 프랑스·영국·미국·소련·중국(연합국)이었다. 제1차 세계대전이 해결하지 못한 채 남겨둔 분쟁이 20년 동안의 불안한 잠복기를 거쳐 다시 폭발한 제2차 세계대전은 여러 면에서 제1차 세계대전의 연장이었다. 이 전쟁은 유럽 대륙 전역뿐만 아니라 태평양의 섬들, 중국과 동남아시아, 북아프리카, 세계의 바다를 무대로 전개되었다. 제2차 세계대전은 20세기 지정학적 역사의 분수령으로서, 소련의 세력이 동유럽 여러 나라까지 뻗치는 결과를 낳았고, 중국에서는 공산당 정권이 수립되었으며, 세계의 지배력이 서유럽 국가에서 미국과 소련으로 옮겨가는 결정적 계기가 되었다. 4,000만~5,000만 명의 사망자를 낸 제2차 세계대전은 인류 역사상 가장 큰 전쟁인 동시에 가장 피비린내 나는 전쟁이었다.

었으며 이는 정치 사회적으로도 밀접한 연관을 가지고 있었던 것이다. 하지만 미국은 이제 막 태동하고 있었으며 유럽에서 여러 가지 이유로 거절된 많은 신앙과 사상들이 새롭게 시도될 수 있었다.

19세기에 접어들면서 식민지에 대한 서구 열강의 자리다툼은 극에 달하였지만 동시에 독립을 원하는 식민지들의 열망도 크게 고무되고 있었다. 특히 미국의 독립은 이러한 현상의 가장 두드러진 특징으로 나타나게 되었다. 더불어 가난한 식민지 개척 주민들에 대한 인권의 옹호와 노예해방에 대한 당위성은 여러 가지 반향을 드러내게 되었으며 신앙에도 많은 영향을 미치게 되었다. 그 결과 청교도적 장로교와 침례교가 주류를 이루던 미국에 새롭게 감리교가 입성하여 큰 붐을 이루게 되었다. 20세기에 들어서는 그 뒤를 이어 새로운 교파들이 속속 탄생하게 되었다. 그 대표적인 것이 감리교에서 갈라진 구세군과 성결교회(Holiness Church), 그리고 로스엔젤레스의 '아주사 거리 부흥 운동(Azusa Street Revival)'과 함께 등장한 오순절파(Pentecostalism)와 그 대표적인 '하나님의 성회(Assemblies of God)' 등이 이때 등장한 것이다.

제1차 세계대전으로 인간에 대한 희망을 상실한 대다수의 사람들은 신대륙으로 다시금 모여들기 시작하였고 미국은 이러한 이민에 힘입어 세계 강대국으로 도약하게 되었다. 끝없는 자신감과 청교도적 근본주의(Fundamentalism)는 심지어 미국 전역에 10여 년간 금주령(禁酒令)이 발효되게 하기도 하였지만 지나친 보수주의의 경향은 과학과 합리적 사고를 근본적으로 거부하는 경향을 띄게 되었다. 그러나 미국의 이러한 자신감도 1929년부터 시작한 대공황(Great Depression)이 10년 이상 계속되면서 무너지기 시작하였다. 이때부터 양산되기 시작한 도시 빈민들은 흑인들과 함께 미국 자본주의가 낳은 사생아로 여겨지게 되었으며 중산층은 도시를 버리고 도시 외곽으로 몰려나가기 시작하였다. 이러한 대이동의 와중에 교회는 새로운 부흥 운동을 도시 중산층을 중심으로 시작하게 되었는데 2차 세계대전과 맞물리면서 큰 운동으로 자리잡히게 되었다.

인간에 대한 실망은 신학계에도 큰 동향을 이루게 되었는데, 지나친 자유주의 신학에 경종을 울리고 새로운 정통을 회복해야 한다는 신정통주의가 유럽을 거쳐 미국에서도 큰 호응을 얻게 되었다.

미국의 이러한 신앙 부흥과는 별개로 유럽은 식민지들의 독립으로 인한 경제적 손실과 두 번에 걸친 세계대전의 후유증으로 몸살을 앓게 되었다. 20세기에 접어들면서 사회 전반에 걸친 허무적 사고를 극복하지 못하여 대다수의 교회들이 유구한 역사에도 불구하고 명맥만 간신히 유지하고 있는 정도에 그치고 말았다. 1970년을 지나면서 이러한 경향이 미국에까지 이어져 신앙의 새로운 각성을 부르짖는 목소리들이 전 세계적으로 높아지고 있다.

3. 생각해 볼 문제

1) 보수주의와 개혁주의 중 어떤 것이 더 올바른 것인가?

사실 이러한 문제는 정답이 없는 것이다. 시대가 처한 현실과 상황에 따라 때로는 보수적 사고가 필요하기도 하고 때로는 개혁적 자유주의가 필요하기도 하기 때문이다. 중세의 지나친 보수적 경향은 종교개혁으로 정화되어야 하였지만 이어서 계속된 인간의 자만은 새로운 보수 정통의 필요를 요구하게 되었던 것이다. 사회의 발전과 함께 기독교의 사고도 이처럼 변증법적인 적응으로 시대가 처한 현실에 알맞은 목소리를 내어야 할 것이다.

2) 천주교는 단일 교단인데 개신교는 왜 많은 교단이 필요한 것인가?

신앙의 자유 때문이다. 천편일률적인 사고를 버리고 새로운 정신과 사상의 자유를 찾았던 종교개혁은 결과적으로 신앙의 자유를 옹호하였으며 이는 동시에 많은 고백들과 운동들로 이어지게 되었다. 비록 교파는 다양하다고 하여도, 그 가운데 흐르는 근본적인 입장은 다르지 않은데 루터나 칼빈, 웨슬리가 주장하였던 공통적 신앙고백, 즉 믿음으로 얻는 구원이나 성서에 대한 권위의 확립 등이 공통점 이라고 할 것이다.

교회사 | 제12강

한국 교회사

1. 교세 현황

한국 개신교의 본격적인 선교가 시작된 것은 1885년 이후로 이제 130여 년의 역사를 지니고 있다. 그러나 그 짧은 기간에도 불구하고 선교는 세계 선교 역사상 유례가 없는 폭발적인 성장을 이룩하였다. 2000년 1월 통계에 의하면 개신교의 교단은 총 51개 교단(이 중 장로교 교단만 32개이다)이며, 기관단체도 16개에 이르렀다. 전체적인 교회 수는 4만 개(39,183개)처에 달하고 목회자는 5만 명(49,068명)에 육박하고 있다. 교인의 수는 1,300만 명(12,822,647명)에 이르는 것으로 보고되었다. 하지만 20여 년이 지난 현재에는 각 교단별로 교세가 줄지 않은 곳을 찾아보기 어려워지고 말았다. 감리교의 2022년도 교세 현황에 의하면 12개 연회, 231개 지방, 6,659개 교회, 목회자 12,154명, 교인은 1,203,824명에 이른다. 2000년도 통계에 비하면 연회와 지방이 늘어 다른 수치는 증가한 편이지만, 교인 수는 10만 명 이상 줄고 말았다. 참고로 우리 교회는 "기독교 대한 감리회–중앙연회–구리지방–교문구역–교문교회"라는 공식 명칭으로 한국 감리교에 소속되어 있다.

2. 한국 개신교회사

천주교보다 100년 이상 뒤늦게 선교가 시작한 우리나라의 개신교는 그 결과 상대적으로 유리한 거점에서 선교를 시작할 수 있었다. 왜냐면 이미 무서운 박해의 시기는 천주교 선교 시기에 다 지나간 상태에서 편안하게 선교를 시작할 수 있었기 때문이다.

1800년대 후반부터 시작된 개신교 선교는 장로교와 감리교가 나란히 의료, 교육 등의 국가 기관 사업에 이바지하면서 많은 호응을 얻기 시작하였다. 장로교에서 세운 연희 전문학교, 세브란스 병원(광혜원), 감리교에서 세운 배제학당, 이화학당 등 선교 초기의 활동은 국가의 받침을 등에 업고 순탄하게 발전할 수 있었다. 최초의 선교사들인 아펜젤러(감리교)와 언더우드(장로교)는 미국에서부터 동행한 절친한 친구 사이였으며 따라서 선교 초기부터 지역을 분할하여 선교하는 등 감리교와 장로교는 아름다운 선교의 기반을 이룩하였다.

또한 일제의 강점과 그에 대한 불안한 의식이 겹쳐지면서 1907년에서 1919년까지는 한국 개신교가 가장 왕성하게 대내외적으로 활동한 시기가 되었다. 1903년부터 서서히 일기 시작한 부흥운동은 1907년부터는 절정에 달하였다. 수많은 성도들이 회개의 역사에 동참하였으며 뜨거운 신앙의 열정이 전국을 휘몰아쳤다. 이러한 대각성은 기독교가 나아갈 바를 분명하게 밝혀 세상의 빛과 소금의 역할을 감당할 수 있도록 강하게 요구하였다. 그 결과 1919년 3·1운동에서도 기독교는 주도적인 역할을 감당하였다. 33명의 민족 대표자 중 16명이 기독교인이었으며, 그중 8명이 감리교인이었던 것이다. 이 시기에 기독교는 위대한 인물들을 많이 배출하였다. 유관순, 안중근 등이 그 대표적인 분들이라고 할 것이다. 당시 16세에 불과하였던 유관순은 이화학당의 여학생으로 만세를 부르기 전날까지 철야기도를 하였으며 "오 하나님 백년전쟁의 잔다크처럼 나에게도 만세를 외칠 수 있는 힘을 주십시오"라고 기도하였다. 안중근 역시 이등박문을 겨냥한 총알 하나하나에 십자가를 그리고 기도하였으며 저격 직후 "오 하늘에 계신 아버지여, 마침내 폭군이 죽었습니다. 감사합니다"라고 기도하였다. 이러한 저항 운동은 상동 교회, 동대문 교회 등 유서 깊은 교회들을 중심으로 줄기차게 전개되었다.

하지만 1919년 이후 시작된 일제의 강압적인 통치 아래에서 기독교는 현실 타협이라는 비굴한 모습으로 전락해버리고 말았다. 교회는 정치와 무관해야 한다는 비상식적인 교리들이 보수의 이름으로 강요되기 시작하였으며, 교회 안에는 오직 신비주의적 개인 경건 만이 주류를 이루게 되었고, 심지어는 일본이 강요한 신사참배에까지 허무하게 무릎을 꿇고 말았던 것이다. 물론 주기철, 손양원 목사님을 비롯한 몇몇의 교인들이 이에 항의하기도 하였지만 대다수의 교회들은 1938년을 전후하여 감리교, 장로교 할 것 없이 모두 신사참배에 굴복하였다. 이러한 비굴한 모습은 점점 더 심화되어서 1945년 해방 직전에는 모든 교단들이 하나로 통합되었고 사복음서를 제외한 모든 성경들이 폐기되는 지경에까지 이르게 되었다. 다행히 1945년에 해방이 찾아왔기에 망정이지 그렇지 않았다면 아마 한국의 개신교는 당시에 소멸해버리고 말았을지 모른다.

당연히 해방 이후의 기독교는 그 후유증으로 큰 몸살을 앓을 수밖에 없었다. 사회적 책임을 등한시하고, 신비적 개인 경건과 현실에 대한 무관심으로 일관되었던 모습은 자체 분열로 나타나기 시작하였다. 더불어 독재 정권들의 무자비한 사회 탄압 아래에서도 제대로 된 목소리를 내지 못하고 일제의 잔재가 그대로 답습되어 사회 정의를 향해서는 문을 걸어 잠근 채 오직 부흥과 교회 성장을 위한 이기적 모습으로 일관되기 시작하였던 것이다. 그 결과 교세는 확장되었으며 교회의 숫자도 급증하였지만 사회에 대한 공헌도는 논하기조차 부끄러운 지경에 빠져버리고 말았다. 순복음 교회를 비롯한 많은 교단들이 이 시기에 한국에 상륙하였으며 신비적 부흥운동으로 크게 성장하였다. 하지만 동시에 박태선의 전도관이나 문선명의 통일교도 이 시기에 양태된 부정적 사생아임도 밝히 알아야 한다.

그러다 1970년대에 들어서면서 한국 개신교의 일부에서는 이러한 현실 타협에 대한 반성의 목소리들이 높아지기 시작하였다. 그리하여 사회의 소외된 계층들, 즉 노동자, 농민, 여성들을 중심으로 새로운 각성의 목소리들이 일어나기 시작하였지만, 대다수의 보수적 교회들은 이들을 백안시하였으며 거의 모든 교회들이 사회운동에 대한 반감과 정치에 대한 무조건적 협조, 소외 계층에 대한 무관심으로 큰 역사를 일으키지 못하였다.

사실 현존하는 거의 모든 한국 교단들은 사실상 웨슬리가 추구하였던 경건의 한쪽에 서 있다. 철야기도, 새벽기도, 부흥회, 사경회 등이 교회 성장의 중심에 서 있는데 이 모두가 웨슬리에게서 시작되었던 경건 운동이었기 때문이다. 하지만 웨슬리는 그러한 경건 운동을 통하여 사회를 정화하는 것에까지 나아가 흑인해방, 여성해방, 감옥선교, 광산선교, 노동조합 운동 등으로 이어졌던 반면에 한국 개신교는 오직 자신들의 안일과 교회 성장을 위해서만 경건 운동을 이용하는데 그치고 있다.

3. 생각해 볼 문제

1) 교회사를 통해서 본 바른 교회의 모습은 어떤 것일까?

세상의 빛과 소금이 되는 것이 진정한 모습의 교회이다. 어둠 속에서 방황하는 사람들에게는 밝은 빛을 통하여 나아갈 길을 제시하여야 하며, 어눌지고 소외된 곳에서는 소금이 되어 방부제의 역할과 맛을 내는 역할을 감당해야 한다. 따라서 교회는 경건한 성장과 함께 사회봉사에도 힘차게 나서는 것이 당연한 것이다. 불의를 보면 지적할 수 있어야 하고 가난한 사람들에게는 직접적인 도움을 주어야 하며, 박해받는 사람들을 위해서는 위험을 무릅쓰고라도 도와주어야 하는 것이 교회의 바른 모습임을 잊어서는 안 된다.

2) 한국 개신교의 장점과 단점은?

한국 개신교는 온실 속의 화초와 같은 모습을 지니고 있다. 박해를 경험하지 못하고 어려움이 올 때마다 타협과 비겁한 무관심으로 일관한 모습은 마땅히 비판받아야 한다. 하지만 경건에 대한 열정과 신앙의 놀라운 전파력, 그리고 성경에 대한 부단한 연구 등은 큰 장점이라고 하겠다. 다만 지나친 신비주의의 모습에서 탈피하여 현실을 직시하고 이 현실 속에 부여받은 사명을 분명히 깨달아 사명을 잘 감당하는 것이 중요한 것이라고 하겠다.

교회사 | 제13강

성서 및 교회사 총정리

연대표

BC 2000년경	바벨론의 갈대아 우르를 떠나는 아브라함
	족장의 시대, 소돔과 고모라의 멸망, 이집트에로의 이주
1250~1210	모세의 출애굽과 여호수아의 가나안 정복
1004	다윗 왕국의 성립
930	왕국의 남북 분열 (남 : 르호보암, 북 : 여로보암)
874	북왕국 아합 등극(874~853)
	엘리야(북왕국, 872~852: 승천) 엘리사(북왕국, 849~799)
841	북왕국 예후 등극(841~814)
790	제3차 남북전쟁
	아모스(북 760~755), 호세아(북 746~724), 이사야, 미가(남 740~680)
748	앗시리아 북왕국 침공
728	남왕국 히스기야 임금 등극(728~697)
722	북왕국 멸망
714	앗시리아의 남왕국 침공(3차에 걸쳐 714~650)
640	요시야 임금 등극(640~609 : 성전 수리, 종교개혁)
	나훔(663~612), 스바냐(630~625), 예레미야(627~586), 하박국

	(608~597)
609	므깃도 전투에서 애굽왕 바로느고와 싸우다 요시야 임금 사망
612	앗시리아가 갈대아(초기 바벨론)와 메대(초기 페르시아)의 연합군에 패망
605	바벨론의 1차 침공 및 1차 포로 (갈그미스 전투로 이집트 세력 약화)
	다니엘(605~536)
597	바벨론의 2차 침공 및 2차 포로
597	시드기야 임금 등극(597~586, 유다의 마지막 왕)
	에스겔(593~570)
589	바벨론의 3차 침공
586	남왕국 유다의 멸망 및 3차 포로(포로 숫자는 총 4600명 : 남은 자 사상)
	오바댜(남왕국 850~843 : 또는 586년 유다의 멸망 직후)
	요엘(남왕국 835~796 : 정확한 연대 불명 9세기~4세기)
	요나(북왕국 793~753 : 편집 의도 상 6세기로 보기도 함)
559	페르시아(메데)의 발흥
539	티그리스 강의 전투로 바벨론이 페르시아에게 패배하다.
538	고레스의 포로 귀환 칙령
537	1차 포로귀환
536	성전 재건 시작 (사마리아 원주민의 방해로 재건 중단 : 520년까지)
	학개, 스가랴(520~518)
515	성전 재건 (586년에 파괴된 솔로몬 성전이 70여 년 만에 재건 ⇒ 포로기 70년)
479	에스더, 페르시아의 아하수에로 왕의 왕비로 임명(하만의 음모 궤멸)
458	2차 포로 귀환 (예루살렘 성벽 재건 운동과 사마리아의 방해로 중단)

444	3차 포로 귀환 (느헤미야 귀국, 예루살렘 성벽 재건 운동 : 52일 만에 완공)
	에스라(444) 말라기(430) 느헤미야(421~400)
167~160	유다 마카비 지도하의 반란. 하스몬 왕가 성립
37~ A.D. 4	헤롯 왕의 통치
A.D. 30년경	예수님의 공생애
34	바울의 회심
47~48	바울의 1차 전도 여행 : 바나바와 동행, 마가가 중간에 포기함.
	(안디옥 – 구브로 – 비시디아 안디옥 – 이고니움 – 루스드라 – 안디옥)
48	예루살렘 회의 (주의 형제 야고보가 의장, 베드로 등 사도들의 참석)
49~52	바울의 2차 전도 여행 : 실라와 동행, 데살로니가 전후서, 갈라디아서 집필.
	(마게도니아 – 빌립보 – 데살로니가 – 베뢰아 – 아덴 – 고린도 – 안디옥)
52~56	바울의 3차 전도 여행 : 고린도 전후서, 로마서 집필
	(에베소 – 마게도니아 – 고린도 – 예루살렘)
54~68	네로 황제 등극
56~61	바울의 가이사랴 구금 및 로마 여행
	: 에베소서, 빌립보서, 골로새서, 빌레몬서, 디모데 전후서, 디도서 집필
61	바울의 순교 (베드로의 순교도 비슷한 시기일 것으로 추정)
64	로마의 대 화재 : 박해의 시작 – 311년까지
66	로마에 대항한 유대 반란
70	예루살렘 포위 및 파괴

70년경	마가복음 집필
85~90	마태복음과 누가복음, 사도행전 집필
90년경	얌니아 종교회의 (구약 39권 정경화)
90~100	요한복음 집필
313	밀라노 칙령 : 콘스탄티누스
354~430	성 어거스틴
395	동로마와 서로마 분열 (제국은 분열되었어도 726년까지 교회는 하나였음)
397	카르타고 종교회의 (신약 27권 정경화)
476	서로마 게르만족의 침입으로 멸망
486	프랑크 왕국 건설
726	성상 숭배 문제로 교회 분열(동방정교회와 로만카톨릭)
870	프랑크 왕국 분열 : 독일, 프랑스, 이탈리아 탄생
962	신성 로마 제국
1074~1291	십자군 전쟁 : 총 7차례 (1077 카노사의 굴욕 : 교황권의 확립)
1181~1226	성 프란체스코
1299	평신도 성경 통독 금지
1453	동로마 제국 멸망
1517	루터의 종교개혁(비텐베르그 성당 정문, 95개조 반박문)
1536	칼빈의 종교개혁(기독교강요 초판 발행)
1738	웨슬리 회심(5월 24일)
1776	미국의 독립 선언
1861~5	미국의 남북전쟁
1885	한국에 개신교 목사 최초 입국 (아펜젤러 부부와 언더우드)
1914~9	제 1차 세계대전

1939~45	제 2차 세계대전
1948	이스라엘 독립 선언

03

교리강좌

제1강 - 성부 하나님

제2강- 성자 예수님

제3강 - 성령 하나님

제4강 - 사도신경

제5강 - 교리적선언

제6강 - 귀신론(demonology)

제7강 - 이단연구 1

제8강 - 이단연구 2

제9강 - 이단연구 3

제10강 - 종말론 1

제11강 - 종말론 2

교리강좌 | 제1강

성부 하나님(神論)

서론

하나님에 대하여 언급한다고 하는 것은 사실상 처음부터 불가능한 일이다. 하나님은 절대로 우리의 언어 영역으로 정의될 수 없는 분이기 때문이다. 그분은 살아 계신 분이시며, 존재하시는 분이시고 또한 역사하시는 능동적인 분이시다. 따라서 하나님에 대하여 무엇이라고 언급을 하던 그것은 부정확한 것이고 이미 하나님은 그러한 언급의 바깥에 존재하시는 초월적인 존재이실 것이기 때문이다 : God above God !!!

이처럼 하나님에 대한 우리의 언급은 그 자체가 불가능한 것임을 분명하게 하면서도 우리가 하나님에 대하여 언급하는 것은, 그것이 하나님에 대한 정의(定意)라기보다는 고백(告白)임을 분명하게 하는 것이다.

신론(新論)

이러한 전제하에서 역사 전통적으로 고백 되어왔던 하나님에 대한 속성의 문제를 먼저 살펴보기로 하자. 우선 구약에서 묘사하는 하나님은 인격적인 하나님이며 거룩하신 하나님, 그리고 의로우신 하나님이시다. 그리고 그분은 그러한 속성 속에서 선하신 창조를 이루셨으며, 또한 여전히 창조하고 계시는 분이시다. 하나님은 변치 않는 언약의 하나님이시고 우리를 모든 죄악에서 해방하시는 하나님이시며, 끝내 천국으로 인도하시는 하나님이시다.

이러한 하나님에 대한 고백은 성서가 고백하는 하나님의 이름에서 잘 드러나고 있다.

1. 일차적인 구약의 이름

1) 여호와(Jehovah) 또는 야(Ya, Yah, Yahu, Yaho : 여호와의 단축형)

'스스로 존재하는 자'란 의미를 지닌 이 이름은 인간과의 언약 관계를 맺으시는 언약의 주체로서의 하나님의 존재성을 강조하는 이름이다(출3:14).

2) 엘(El) 혹은 엘로힘(Elohim)

이방신과 대조되는 강하고 능력 있으며 참되신 하나님의 능력을 표현하는 명칭이다. 특히 엘로힘은 엘의 복수형으로서 위엄 있는 하나님, 그리고 삼위일체 하나님에 대한 암시적 표현으로 볼 수 있다.

3) 아도나이(Adonai)

'주(主)'란 의미를 지닌 이 명칭은 소유자이시며, 통치자 되신 그분의 무한 광대한 주권성을 보여준다.

2. 복합적인 구약의 이름

1) 엘의 복합어

'강력'이란 의미를 지닌 '울'에서 파생된 '엘'은 하나님의 위엄과 권위를 나타낸다.

① 엘 로이(EL–Loi) – 감찰하시는 하나님(창16:13)

② 엘 샤다이(EL–Shaddai) – 전능하신 하나님(창17:1)

③ 엘 올람(EL–Olam) – 영원하신 하나님(사40:28)

2) 여호와의 복합어

하나님의 언약의 불변성을 나타내기 위하여 취한 합성형태.

① 여호와 이레(Jehovah–Jireh) – 여호와께서 준비하심(창22:13, 14)

② 여호와 닛시(Jehovah–nissi) – 여호와는 나의 깃발(출17:15)

③ 여호와 샬롬(Jehovah–shalom) – 여호와는 나의 평강(삿6:24)

④ 여호와 체바오트(Jehovah–sabaot) – 만군(많은 천사)의 여호와(삼상1:3)

⑤ 여호와 메타디쉬켐(Jehovah–metadishkem) – 너희를 거룩하게 하는 여호와(출31:13)

⑥ 여호와 로이(Jehovah–ra'ah) – 여호와는 나의 목자(시23:1)

⑦ 여호와 치드케누(Jehovah–Tsidkenu) – 여호와는 우리의 의(렘23:6)

⑧ 여호와 엘 게물로트(Jehovah–El–gemulot) – 여호와는 보복의 하나님(렘51:56)

⑨ 여호와 나케(Jehovah–nake) – 멸망시키는 여호와(겔7:9)

⑩ 여호와 삼마(Jehovah–Shammah) – 여호와께서 거기 계시다(겔48:35)

⑪ 여호와 라파(Jehovah–rapha) – 치료하시는 하나님(출15:26) 등

3. 신약의 이름

구약의 히브리어 명칭을 같은 뜻의 헬라어로 옮겨 넣은 것.

1) 데오스(Theos)

구약의 '엘로힘'의 번역어이다. 신약에서는 이 낱말을 사용하여 나의 하나님, 너의 하나님, 우리의 하나님, 너희의 하나님 등의 표현이 나오는데 이는 구약 이스라엘의 신정 국가적인 하나님 관념에서 그리스도 안에서 모든 자녀들의 하나님 즉, 성도 개인과 직접적 교제를 나누시는 하나님 관념으로 발전한 것을 보여준다.

2) 퀴리오스(Kurios)

구약의 '아도나이', '여호와'에 대응하는 명칭으로서 '주'로 번역한다.

3) 파테르(Father)

'아버지'로 번역되는 이 명칭은 구약에서 이스라엘의 아버지인 하나님(신32:6, 사63:13)에 대응되는 명칭으로 만물의 창조주이시며(고전8:6, 엡3:14, 히12:9, 약1:17) 성도의 아버지(롬8:15, 갈4:5)되시는 하나님을 지칭한다.

이상에서 살펴본 바와 같이 하나님에 대한 이해는 성서 자체의 고백만으로도 너무나 다양하다. 그것은 성서의 언급 역시 하나님에 대한 정의가 아니라, 시대적, 역사적, 그리고 개인 혹은 사회적인 고백의 모습들이기 때문이다.

성서의 시대를 지나 교회의 시대로 접어들면서 하나님에 대한 이해는 새로운 국면으로 들어서게 되었다. 이른바 삼위일체(三位一體, Trinity)에 대한 고백이 생겨나기 시작했기 때문이다. 삼위일체를 교회가 고백하게 되기까지는 많은 우여곡절이 있었다. 하지만 교회는 그러한 문제들에 나름대로 신중한 태도를 보여 마침내 325년 니케아 회의, 그리고 381년 콘스탄티노플 회의를 통하여 삼위일체 교리를 정립하게 되었다.

사실상 삼위일체의 교리는 우리의 이해영역 바깥의 부분을 말하는 것이다. 그것은 무엇이라고 쉽게 말하기 어려운 것으로, 교회사적으로도 그 용어 자체의 정의보다는 삼위일체가 설명하려는 것은 이런 것이 아니라는 것을 설명하는 것으로 이해되어왔다. 바로 종속론(subordinationism), 양태론(modalism), 그리고 삼신론(tritheism)의 세 가지이다.

사실 이러한 복잡한 교리적 설명 외에도 삼위일체는 성서적인 지침을 지니고 있다.

너희는 가서 모든 족속으로 제자를 삼아 아버지와 아들과 성령의 이름으로 세례를 주고 내가 너희에게 분부한 모든 것을 가르쳐 지키게 하라 (마 28:19~20)

주 예수 그리스도의 은혜와 하나님의 사랑과 성령의 교통하심이 너희 무리와 함께 있을지어다 (고후 13:13)

결론

하나님에 대한 이해는 사실상 불가능한 것이다. 흔히 하나님을 전능(全能), 전지(全知), 무소부재(無所不在) 하신 분 등으로 설명하려고 하지만 그것 역시 지극히 부분적인 것일 뿐이다.

다만 한 가지 분명하게 말할 수 있는 것은 요한일서 4장에서 두 번이나 강조하는 그대로 "하나님은 사랑"이시라는 것이다. 우리가 삼위일체라는 어려운 용어를 쓰는 까닭은 하나님께서 그 사랑을 가지고 세상을 창조하심으로 모든 것의 근원이 되시고, 또한 중보자가 되시고, 그리고 새로운 삶의 능력이 되심을 말하기 위함이다.

"하나님은 하늘과 땅을 만드신 존엄한 창조자이시며, 타락한 세상에 종으로 오신 구세주이시며, 삶을 새롭게 시작하게 하고 새 하늘과 새 땅의 실현에 대해 소망을 갖게 하는 변화시키는 성령이시다" – Daniel L. Migliore

"복음은 아버지와 아들과 성령의 위대한 사랑의 이야기, 즉 하늘과 땅과 우리 모두가 참여하는 하나님의 사랑이야기이다" – Jűrgen Moltmann

교리강좌 | 제2강

성자 예수님(基督論)

서론

초대교회의 신학의 형성사는 예수 그리스도에 대한 논쟁으로 점철되어 있다고 하여도 과언이 아닐 것이다. 예수님은 과연 누구시며, 어떻게 우리를 구원하시는가에 대한 분명한 의견의 통일이 지연되면서 제각기 여러 가지 주장이 제기되어왔기 때문이다. 이러한 많은 논쟁은 최후로 451년 칼케돈에서 제 4차 공의회가 모여 그간의 모든 주장을 종식하고 최종적으로 예수 그리스도에 대한 신앙과 신조를 분명하게 선포함으로 그치게 되었다. 물론 그 뒤에도 많은 신학적 논의가 거듭되어 온 것이 사실이지만 아직까지도 최종적 신앙고백은 이 칼케돈 신조를 바탕으로 하고 있음은 아무도 부인할 수 없는 사실이다.

칼케돈 공의회(The Fourth Ecumenical Council of Chalcedon, 451) 선언문

우리들은 한목소리로 성스러운 교부들의 뒤를 좇아 주 예수 그리스도야말로 유일하고 동일하신 하나님이심을 고백해야 한다고 가르치니, 그는 신성과 인성에 있어서 완전하시며 진정한 하나님(vere Deus)이시요 진정한 인간(vere Homo)이시고, 지성과 아울러 육체를 소유하셨으며, 신성에 있어서는 성부와 동일한 본질

이시요, 인성에 있어서는 우리들과 동일한 본질이시요, 모든 면에서 우리들과 같으시나, 죄는 없으시고, 그의 신성은 일체의 시간 이전에 성부로 말미암아 잉태되셨으며, 그의 신성으로는 마지막 날에 하나님의 잉태자이신 동정녀 마리아에게 나셨다.

이야말로 유일하시고 동일하신 그리스도요, 성자시요, 주시요, 독생자이시니 추호의 혼란이나 변화나 분리나 분열 없이 두 성품으로 나타나셨다. 이러한 통일은 서로 다른 두 성품의 구분을 파괴하지 않고, 오히려 양쪽의 속성이 보존되어 양자는 한 위격과 본체(hypostasis) 속에서 연합되었다. 이들은 두 인격으로 분리되지 않고 유일하신 독생자, 하나님의 말씀, 주 예수 그리스도에게 속한다. 이러한 모든 사실은 과거의 선지자들이 이에 관해 가르친 바요, 주님께서 스스로 우리들에게 가르치신 바요, 그리고 교부들의 신경이 우리들에게 전하는 바이다.

기독론에 대한 고전적인 세 가지 이론

1) 승리자 예수 그리스도

하나님과 악의 대립에 있어서 예수님은 하나님의 승리를 위하여 이 세상에 오신 분으로 끝내 악을 물리치고 부활을 통하여 최후의 승리를 이루셨다는 이론이다. 예수님 이전에 악마는 모든 권력과 힘과 세력을 가지고 인간을 지배하고 있었는데 예수님은 인간을 그러한 상태에서 구원하시기 위하여 오셨으며 마침내 악마를 물리치시고 인간을 구원하시게 되었다는 것이다.

2) 만족설(보상설, 배상설, 안셀름주의)

인간은 율법을 지키지 못해 하나님께 죄를 범하므로 죄의 값을 치를 수밖에 없게 되었다. 그 죗값은 오직 죽음을 통해서만이 치러질 수 있는 것이었다. 결국 모든 인간이 다 죄를 범하였기에 한 사람도 구원될 수 없었는데 하나님께서 직접 인간이 되셔서 세상에 오셔서 인간 대신에 죄를 치러주심으로 하나님을 만족시켜 드리게 되고 죄를 용서하게 하셨다는 것이다.

3) 도덕 영향설(진보설, 아벨라르주의)

죄악이 만연된 어둠의 세상에 하나님은 사랑의 화신으로 오셨다. 그분은 어떠한 교리적 이유 때문이 아니라 오직 우리를 사랑하시기 때문에 오셨다. 그리고 그 사랑의 실천으로 십자가를 지셨다. 죽기까지 우리를 사랑하신 것이다. 하나님의 놀라운 그 사랑은 우리 인간들의 본이 되었으며 무디어진 도덕성에 감동을 주게 되었다. 그리고 우리는 이제 그러한 사랑의 모범이신 예수님을 따라서 살아가면 구원에 이르게 되는 것이다.

사실 위의 세 가지 이론은 모두 나름대로 성서적인 바탕을 다 가지고 있다. 또 현재 우리는 이 세 가지의 기독론을 모두 다 인정하고 있다. 그것은 현재 우리의 찬송가에도 세 가지 이론이 모두 등장하고 있는 것만 보아도 분명하게 알 수 있다. 즉 승리자로서의 예수님은 384장 '내 주는 강한 성이요'에서 잘 드러나며 만족설로서의 예수님은 어린양에 대한 수많은 찬송을 통해 입증되고, 도덕 영향설도 302장 '주님께 귀한 것 드려'에서 "모범을 보이신 예수"라는 유명한 구절로 드러나고 있다. 각각의 제 이론들은 문제점들을 다 안고 있지만 이처럼 여전히 제 위치에서 설경되고 있는 것은 예수 그리스도에 대한 그 어떤 이론도 예수님을 온전히 설명할 수는 없는 것임을 분명하게 입증하고 있는 것이라고 하겠다.

그리스도의 세 가지 직책 – 칼빈의 정리

칼빈은 예수님의 가르침과 그의 희생적인 죽음과 그의 주권을 포함하여 그리스도에게는 세 가지 직책이 있다고 말하였다. 그것은 예언자, 제사장, 그리고 왕으로 드러나는 직책이다. 예언자로서 그리스도는 다가올 하나님의 통치를 선포하였으며, 그 통치에 적합한 삶의 형태 속에서 우리를 가르치시는 분이시다(도덕 영향설). 그리고 제사장으로서의 그리스도는 우리를 위하여 완벽한 사랑의 희생과 순종을 하나님께 드리시는 분이시다(만족설). 마지막으로 왕으로 오신 예수님은 악의 반항에도 불구하고 세상을 통치하시며, 의와 평화의 하나님의 통치가 궁극적으로 승리한다고 약속하시는 분이시다(승리자 그리스도 이론).

결론

성부 하나님에 대한 이해와 마찬가지로 성자 예수님에 대한 이해 역시 우리의 언어나 이해 능력으로 진실을 파악하고 이해한다는 것은 불가능한 일이다. 만약 그럴 수 있다는 사람이 있다면 그는 분명 오류에 빠진 사람임에 분명하다.

칼케돈 신조에서 보여지는 그대로 예수님에 대한 고백은 이러이러한 가르침은 틀린 것이며 잘못된 것이라는 지적에 초점이 맞추어져 있는 것이지, 결코 진리는 이것이다, 라고 한정하고 있는 것이 아님을 알아야 한다. 예수님은 살아 계신 분이시고 인간의 이해나 지식 저 너머에 계시는 분이시기 때문이다. 사실 신학(神學)이라는 학문 자체가 불가능한 것에 대한 언급을 의미하고 있는 것임은 부정할 수 없는 사실이다.

하지만 중요한 것은 예수 그리스도의 고백에 있어서 우리가 범할 수 있는 오류들, 혹은 이전을 살았던 사람들이 범했던 오류를 깨달음으로 같은 오류를 범하지 않고, 살아 계신 하나님과 그 아들 예수 그리스도에 대한 확고하고 분명한 믿음을 돈독히 하는 것이라고 하겠다. 어쨌든 교부 터툴리안이 고백한 그대로 불합리하기 때문에 믿는 것임을 상기할 필요가 있을 것이다.

교리강좌 | 제3강

성령 하나님(聖靈論)

서론

성령(Holy Spirit)을 언급하는 것은 전통적으로 많은 오해를 불러일으키곤 하였다. 이것은 성령의 사역에 대한 부분적인 인식과 기독론에 대한 강조로 인한 성령론의 약화에서 비롯된 것으로 보인다. 즉, 예수 그리스도의 삶과 그분의 사역에 대한 강조에 기독교의 전체적인 초점이 맞추어지다 보니까 성령은 그 부수적인 부분으로 인식되었던 것이며, 또한 교회론에 대한 부각은 더더욱 이런 현상을 가중시켜서 성령이 마치 교회만을 위해 존재하는 능력으로 한정되었던 것이라는 말이다. 그러다 보니 시대적 부흥 운동의 전성기에 그것도 성령의 사역 가운데서도 오직 은사의 역할만이 집중적으로 부각되었던 점이 있었음은 부인할 수 없는 사실이다.

그러나 다행스럽게도 1980년대에 들어서면서 성령의 사역에 대한 새로운 인식들이 점차 활기를 띄우기 시작하였다. 특히 1990년에 호주 캔버라에서 개최되었던 제 7차 WCC 모임에서 그 주제를 '성령이여 오소서 – 모든 창조를 새롭게 하소서 : Come, Holy Spirit – Renew the Whole Creation'으로 채택하면서 더욱 활기를 띠게 되었다. 이것은 과거 부흥 운동의 일환으로 간주되었던 성령에 대한 인식이 이제 전체 교회와 성도의 삶에 밀접한 연관이 있어야 함을 의식하게 되었음을 의미한다.

사실 성령에 대한 과소평가는 서구의 합리적 인본주의 사상이 종교개혁과 맞물리면서 마치 성령에 대한 언급이나 기대는 비합리적인 것이라고 인식되었기 때문이었다. 그러나 이제는 "성령의 역사가 잊혀지거나 억눌려질 때, 하나님의 능력은 멀리 떨어져 있고, 위계적이고 강압적인 것으로 이해되기 쉬우며, 그리스도 중심적인 신앙은 그리스도 유일론으로 타락되며, 성서의 권위는 타율적이 되며, 교회는 몇몇 구성원들이 다른 이들을 지배하는 엄격한 힘의 구조로 보여지며, 성례전은 성직자 중심의 통제 아래 놓이는 마술적인 의식으로 격하된다" 다니엘 미글리오리 『조직신학입문』 이정배 역, p 256~257

라는 점을 인식하기 시작하였다. 그래서 이제는 성령을 언급하지 않고는 신학이나 신앙 자체가 불가능하다는 것을 분명히 할 수 있게 된 것이다.

성령의 명칭과 사역

성령은 희브리어로는 루아흐(Ruach)이며 희랍어로는 프뉴마(Pneuma) 그리고 라틴어로는 스피리투스(Spiritus)로 모두 숨, 호흡, 바람, 생기, 그리고 영(靈)이라는 뜻을 지니고 있다. 그런데 재미있는 것은 히브리어로서 루아흐는 여성을 의미하는 단어라는 것이다. 이 점에 착안하여 성령을 남성 하나님에 대비되는 여성 하나님으로 인식하고자 하는 노력이 일찍부터 있었다. 나아가서 예수 그리스도를 하나님의 아들로 묘사하는 것에 대비하여 성령은 하나님의 딸로 인식하는 경향도 가지고 있다. 위의 책 p 267

이 밖에도 성경은 성령을 다른 이름으로 많이 부른다.

진리의 영(요 14:17), 사랑의 영(롬 5:5, 갈 5:22, 요일 4:16), 그리스도의 영(롬 8:9)

아들의 영(롬 8:15, 갈 4:6), 지혜의 영(고전 2:11~12, 12:8), 자유의 영(고후

3:17)

말씀의 영(살리는 영, 요 6:63), 정직한 영(시 51:10), 양자의 영(롬 8:15)

성결의 영(롬 1:4), 영광의 영(벧전 4:14), 간구의 영(슥 12:10) 등으로 불리는 것이다.

이상의 이름들이 의미하는 그대로 성령의 사역은 비교적 복잡하고 세분화되어 있다. 성령은 이름만 다양한 것이 아니라 그 상징도 상당히 다양하게 나타난다.

생기(겔 37:5,6 –살리는 영, 요 6:63), 바람(행 2:2, 요 3:8), 비(시 68:9,10)

불(출 13:21, 시 78:14 화광), 기름(요일 2:27, 출 28:41, 사 61:1),

강(사 41:18, 시 46:4, 요 7:38, 생수), 이슬(호 14:4~9) , 인(認, 엡1:13, 딤후 2:19) 비둘기(요 1:31, 마 3:16, 순결 – 마 10:16) 등으로 나타났다.

이처럼 성령의 사역은 다양해서 우리를 도우시는 보혜사가 되시고, 중보자가 되시며 나아가서 모든 불충분한 것을 완전하게 하시고 뿐만 아니라 교회를 세우는 일과 우리를 구속하시는 일까지도 모두 성령의 사역에 해당하는 것이다. 말씀을 해석하고 이해하게 하시고, 나아가 선포하게 하시며 그 말씀에 영감을 불어넣으시는 것도 성령의 사역이다.

성령의 사역이 없으면 그리스도의 사건은 이미 지나가 버린 오래전의 사건이며, 시간과 공간에 있어서 우리와 전혀 무관한 역사적 한 사건, 예를 들면 세종대왕이나 이순신 장군과 같은 고마운 한 사건에 지나지 않을 것이다. 그러나 성령의 역사는 예수 그리스도의 사건을 지나가 버린 사건이 아니라 오늘 이 순간에도 동일하게 역사하는 생생한 사건이 되게 하는 것이다.

또한 성령은 은사(The Gifts of the Spirit)를 주시는 분이시다. 성령의 은사는 매우 다양하며 각각의 은사는 저마다의 독특성을 지니고 있다. 예를 들어 방언의 은사는 기도하게 하는 은사이며, 신유의 은사는 병을 고치시는 은사이다. 이 밖에도 많은 은사들이 있지만 사도 바울은 그 가운데서 믿음과 소망과 사랑의 세 은사를 가장 중요한 것으로 인정하였다. 특히 이 가운데서도 사랑의 은사를 제일로 쳤는데 이것은 하나님의 가장 근본적인 본질이며, 또한 하나님의 역사가 나타나는 가장 아름다운 열매이기 때문이다.

사도 바울은 갈라디아서에서 "오직 성령의 열매는 사랑과 희락과 화평과 오래 참음과 자비와 양선과 충성과 온유와 절제니 이같은 것을 금지할 법이 없느니라"라고 명시하여서 성령의 열매를 확증하기도 하였다. 그래서 미글리오리라는 신학자는 '성령은 삼위일체의 연합시키는 사랑이며, 다양성 속에 있는 공동체의 능력이며, 상호 사랑과 우정의 능력이다'라고 말한다.

결론

성령은 하나님이시다. 또한 요한복음이 명시하는 그대로 하나님은 영이시다. 성령은 성부 하나님, 성자 하나님과 동일하게 인격적이시며 신성하신 분이시다. 성령의 역사는 신앙생활, 아니 창조의 전반적인 사역의 모든 자리에 임재하고 있다. 성령이 아니고서는 이 세상의 그 누구도 예수님을 주님이라고 고백할 수 없음을 바울은 분명히 하였다. 이 말의 의미는 성령이 아니고서는 구원의 역사에 동참할 사람이 없음을 시사하는 것이라고 하겠다.

성령은 부흥 운동에서나 찾아볼 수 있는 부분적인 것이 아니다. 성령이 무슨 물질이나 능력이 되어서 어떤 개인에게서 발출되는 것은 더더욱 아니다. 성령은 하나님이시며, 인격이 있으신 분이시고 무엇보다 신성한 분이시다. 이제는 성령의 도우시는 역사, 세우시는 역사, 그리고 구원하시는 그 역사가 분명하게 인정되어야 할 것이다.

아무튼 성령은 지금 이 순간에도 살아계신 분이시고 역사하시는 분이시다. 보이지 않는 하나님을 느낄 수 있는 것, 그것은 보이지 않는 공기를 오직 바람을 통해서만 느낄 수 있는 것과 같은 이치라고 할 것이다. 보이지 아니하는 그리스도의 공로를 오늘 이 순간에도 굳건하게 붙들어 주는 것도 역시 성령의 사역이다.

교회가 존재하는 것도, 성도의 삶이 있을 수 있는 것도 모두가 성령의 공로임을 분명히 알고 성령 안에서 늘 겸손하며, 성령이 주시는 은사를 충만히 받아 성령이 맺게 하시는 열매를 많이 맺게 될 때, 우리의 신앙은 가일층 분명하게 될 수 있을 것이다.

교리강좌 | 제4강

사도신경

(Apostles' Creed)

서론

사도신경은 교회에 전해진 가장 오래된 신조 가운데 하나이다. 전통적으로 이 신조는 381년 콘스탄티노플 공의회에서 고백한 '니케아 신조'와 '아다나시우스 신조'와 더불어 삼대 신조로 전해지던 것이다. 특히 사도신경은 종교개혁자들에게도 중대한 영향력을 미치게 되어 개신교에서도 아주 중요시 여기는 신앙고백이 되었다. 마틴 루터는 "우리나 우리의 신앙 선조들이 이 신앙 고백문을 창안한 것이 아니다. 벌이 온갖 아름다운 꽃들에게서 꿀을 모으듯, 사도신경은 어린이들과 일반 신자들을 위해 성서 내용 전체, 사랑하는 예언자들과 사도들의 글들을 아름답게 잘 모아서 요약해 놓은 것이다"라고 말할 정도였다. 칼빈에게 있어서도 사도신경은 같은 의미를 지녔는데 그의 「기독교 강요」는 사도신경에 대한 해석이라고 말해도 과언이 아닐 정도인 것이다.

사도신경은 역사상 많은 변천을 거치면서 오늘날의 형태로 전해지게 되었다. 이 신조의 이름이 사도신경(Apostles' Creed)라고 붙여진 것은 밀라노 지방의 감독이였던 유명한 '암부로시우스(Ambrosius, 339~397)'가 이 신조를 '사도들의 신경'으로 부르면서 시작되었다. 그 후로 이 사도신경에는 오순절 마가의 다락방에 모였던 사도들이 각기 한 구절씩 지어 붙인 것이라는 아름다운 전설이 따르게 되었다. 그 후 8세기경 신성 로마제국에서는 사도신경이 세례식의 신경으로 도입되었으며 교황 인노켄티우스 3세(1198~1216 재위)가 서방 로마 카톨릭 교회의 공식적인 신앙 진술로 인정하면서 사도신경은 그 기본적인 내용상으로는 큰 변화 없이 전래되게 되었다.

사도신경의 내용

라틴어 원문

Credo in Deum Patrem omnipotentem; Creatorem caeli et terrae. Et in Jesum Christum, Filium ejus unicum, Dominum nostrum; qui conceptus est de Spiritu Sancto, natus ex Maria virgine; passus sub Pontio Pilato, crucifixus, mortuus, et sepultus; descendit ad inferna; tertia die resurrexit a mortuis; ascendit ad caelos; sedet ad dexteram Dei Patris omnipotentis; inde venturus (est) judicare vivos et mortuos. Credo in Spiritum Sanctum; sanctam ecclesiam catholicam; sanctorum communionem; remissionem peccatorum; carnis resurrectionem; vitam aeternam. Amen

1. 성부에 대한 신앙 고백

1) 전능(全能)하사

2) 천지를 만드신

3) 하나님 아버지를

4) 내가 믿사오며

– I believe in God, the Father almighty, Creator of Heaven and Earth.

2. 성자에 대한 신앙 고백

1) 그 외아들 : His Only Son

2) 우리 주 : Our Lord

3) 예수 그리스도를 믿사오니 : I Believe in Jesus Christ

①. 이는 성령으로 잉태하사 동정녀 마리아에게 나시고

He was conceived by the power of the Holy Spirit and born of the Virgin Mary.

②. 본디오 빌라도에게 고난을 받으사 십자가에 못 박혀 죽으시고

He suffered under Pontius Pilate, was crucified, died, and was buried.

③. 장사한 지 사흘 만에 죽은 자 가운데서 다시 살아나시며

He descended to the dead. On the third day he rose again.

④. 하늘에 오르사 전능하신 하나님 우편에 앉아 계시다가

He ascended into Heaven, and is seated at the right hand of the Father.

⑤. 저리로서 산 자와 죽은 자를 심판하러 오시리라

He will come again to judge the living and the dead.

3. 성령에 대한 신앙 고백

1) 성령을 믿사오며 : I believe in the Holy Spirit,

2) 거룩한 공회와 : the holy catholic Church,

3) 성도가 서로 교통하는 것과 : the communion of saints,

4) 죄를 사하여 주시는 것과 : the forgiveness of sins,

5) 몸이 다시 사는 것과 : the resurrection of the body,

6) 영원히 사는 것을 믿사옵니다 : and the life everlasting.

그런데 원 본문에 보면 '장사한 지 사흘 만에 죽은 자 가운데서 다시 살아나시며'의 중간에 '지옥으로 내려가사(He descended into hell)'라는 구절이 첨부되어 있음을 알 수 있다. 즉, 원어에 충실하게 이 구절을 번역하자면 '장사된 후 지옥에 내려가셨다가 죽음으로부터 사흘 만에 다시 살아나시며'라고 되어야 한다는 것이다. 사실 예수께서 지옥으로 내려가셨다는 기사는 359년 설미움 종교회의(The Synod of Sirmium)에서 처음으로 시리아의 신학자 아레투사의 마르커스(Markus of Arethusa)가 제안한 것이다.

이 구절은 현재 우리나라와 또 서방의 여러 해석에서도 의도적으로 제외되고 있다. 거기에는 여러 가지 이유가 있을 것이다. 하지만 예수께서 지옥으로 가셨었다는 것은 두 가지의 중대한 의미를 지니고 있음을 간과해서는 안 된다. 우선 그는 인간의 죄를 지고 하나님에 의해 철저하게 버림받으셨다는 것이며, 두 번째는 그럼에도 불구하고 모든 사망의 권세를 다 이기시고 심지어 지옥에서 고통당하는 이들의 괴로움까지도 구원하셨다는 것이다.

또한 사도신경의 고백에는 우리의 몸(Body)이 다시 사는데 그것도 영원히 살게 된다고 고백하고 있음을 눈여겨보아야 한다. 이것이 이 세상에서 사는 우리들의 삶의 무조건적 연장을 의미하는 것은 물론 아니다. 그러나 중요한 것은 오늘을 살아가는 우리의 삶이 결코 완전히 사라지는 것을 의미하는 것도 아니라는 것이다. '나'라고 하는 존재는 결코 사라질 수 없는 '존재 그 자체'인 것이다. 그것이 바로 몸이 다시 산다는 것의 의미이다.

결론

사도신경은 성경 전체에 대한 분명한 요약이며 절대적인 교리이다. 이 고백을 통하여 우리는 하나님과 그 아들 예수 그리스도, 그리고 성령과 함께 성도의 삶과 영생까지도 고백하게 된다. 물론 여기에는 아직까지도 많은, 아니 오히려 근래에 들어 더 많은 논란의 여지가 있음이 또한 사실이다. 그러나 신학자 하르낙(Harnack)의 말대로 "우리는 사도신경을 폐기해서는 안 된다. 그 이유는 그것을 대신할 만큼 더 좋은 것이 없기 때문이다. 우리가 해야 할 일은 그것을 해석하는 일 뿐이다"라는 것은 분명하게 기억해야만 한다.

교리강좌 | 제5강

교리적 선언

서론

우리나라에 기독교가 전래될 당시의 미국은 남북전쟁의 여파로 교회들조차 둘로 갈라져 있었다. 감리교도 예외가 아니어서 남감리회와 북감리회가 나뉘어 있었으며 우리나라에 파송된 선교사들조차도 서로 다른 감리회 소속이었다. 하지만 1927년을 지나면서 한국 감리교회는 미국과는 상관없이 하나가 되려고 노력하여 마침내 1930년 12월 1일 제 1회 연합총회를 개최하였으며 이 자리에서 감리교의 교리를 『교리적 선언』에 담아 천명하였고, 성도들의 생활의 지표를 위하여 『사회신경』을 제정하여 발표하였다.

이 교리적 선언과 사회신경은 1930년 이래 오늘까지 지속적으로 천명되어 오고 있는 한국 감리교의 신앙고백이며 지향점이다. 하지만 시간의 흐름에 따라 불가피하게 다소간의 어휘적 조정이 필요하게 되어 1997년 종래의 교리적 선언에 약간의 수정을 가하여 새로이 『감리회 신앙고백』이라는 이름으로 천명하게 되었다. 이에 교리와 장정에 수록된 전문을 기록한다.

교리적 선언 및 사회신경

1. 교리적 선언(1930년)

우리 교회의 회원이 되어 우리와 단합하고자 하는 사람들에게 아무 교리적 시험을 강요하지 않는다. 우리의 중요한 요구는 예수 그리스도께 충성함과 그를 따르려고 결심하는 것이다. 웨슬리 선생이 연합속회 총칙에 요구한 바와 같이 우리의 입회조건은 신학적보다 도덕적이요 신령적이다. 누구든지 그의 품격과 행위가 참된 경건과 부합되기만 하면 개인 신자의 충분한 신앙 자유를 옳게 인정한다. 동시에 우리가 확실히 믿어오는 교리를 아래와 같이 선언한다.

1) 우리는 만물의 창조자시요 섭리자시며 온 인류의 아버지시요 모든 선(善)과 미(美)와 애(愛)와 진(眞)의 근원이 되시는 오직 하나이신 하나님을 믿으며
2) 우리는 하나님이 육신으로 나타나사 우리의 스승이 되시고 모범이 되시며 대속자가 되시고 구세주가 되시는 예수 그리스도를 믿으며
3) 우리는 하나님이 우리와 같이 계시사 우리의 지도와 위안과 힘이 되시는 성신을 믿으며
4) 우리는 사랑과 기도의 생활을 믿으며 죄를 용서하심과 모든 요구에 넉넉하신 은혜를 믿으며
5) 우리는 구약과 신약에 있는 하나님의 말씀이 신앙과 실행의 충분한 표준이 됨을 믿으며
6) 우리는 살아 계신 주안에서 하나이 된 모든 사람들이 예배와 봉사를 목적하여 단결한 교회를 믿으며
7) 우리는 하나님의 뜻이 실현된 인류사회가 천국임을 믿으며 하나님 아버지 앞에 모든 사람이 형제됨을 믿으며
8) 우리는 의의 최후 승리와 영생을 믿노라. 아멘.

2. 감리회 신앙고백(1997년)

1) 우리는 우주 만물을 창조하시고 섭리하시며 주관하시는 거룩하시고 자비하시며 오직 한 분이신 아버지 하나님을 믿습니다.
2) 우리는 말씀이 육신이 되어 우리 가운데 오셔서 하나님의 나라를 선포하시고 십자가에 달려 죽으셨다가 부활승천 하심으로 대속자가 되시고 구세주가 되시는 예수 그리스도를 믿습니다.
3) 우리는 우리와 함께 계셔서 우리를 거듭나게 하시고 거룩하게 하시며 완전하게 하시며 위안과 힘이 되시는 성령을 믿습니다.
4) 우리는 성령의 감동으로 기록된 하나님의 말씀인 성경이 구원에 이르는 도리와 신앙생활에 충분한 표준이 됨을 믿습니다.
5) 우리는 하나님의 은혜로 믿음을 통해 죄사함을 받아 거룩해지며 하나님의 구원의 역사에 동참하도록 부름 받음을 믿습니다.
6) 우리는 예배와 친교, 교육과 봉사, 전도와 선교를 위해 하나가 된 그리스도의 몸인 교회를 믿습니다.
7) 우리는 만민에게 복음을 전파함으로 하나님의 정의와 사랑을 나누고 평화의 세계를 이루는 모든 사람들이 하나님 앞에 형제됨을 믿습니다.
8) 우리는 예수 그리스도의 재림과 심판 우리 몸의 부활과 영생 그리고 의의 최후 승리와 영원한 하나님 나라를 믿습니다. 아멘.

3. 사회신경

1) 하나님의 창조와 생태계의 보존 : 우리는 하나님의 명하심을 따라 우주 만물을 책임 있게 보존하고 생태계의 위기를 극복해야 하는 사명이 있다.

2) 가정과 성, 인구 정책 : 우리는 가정과 성이 하나님께서 정하신 귀한 제도임을 믿는 바 가정을 올바로 보존하며 성의 순결성을 지키는 것은 우리의 사명이다. 그리고 우리는 인구 문제로 인한 세계적 위기를 극복하기 위해 책임 있는 인구 정책이 수립되도록 노력한다.

3) 개인의 인권과 민주주의 : 우리는 하나님의 형상대로 지음 받은 인간에게 자유와 인권이 있음을 믿는다. 따라서 정권은 민주적 절차와 국민의 위임으로 수립되어야 하며 국민 앞에 책임을 져야 한다. 우리는 정권 유지를 위해 국민을 억압하고 언론의 자유를 위협하는 어떠한 정치 제도도 배격한다.

4) 자유와 평등 : 우리는 모든 사람들이 하나님 앞에서 자유롭고 평등하기 때문에 성별, 연령, 계급, 지역, 인종 등의 이유로 차별하는 것을 배격하며 모든 사람들이 더불어 사는 사회 건설에 헌신한다.

5) 노동과 분배 정의 : 우리는 자기실현을 위한 노동의 존엄성과 하나님이 주신 소명으로서의 직업을 귀하게 여긴다. 동시에 우리는 그 과정에서 나타나는 빈부의 격차를 시정하여 분배 정의가 실현되도록 최선을 다한다.

6) 복지 사회 건설 : 우리는 부를 독점하여 사회의 균형을 깨뜨리는 무간섭 자본주의를 거부하며 동시에 인간의 자유를 억압하는 전체주의적 사회주의도 배격한다. 우리는 온 국민이 사랑과 봉사의 정신으로 서로 도우며 사는 복지 사회 건설에 매진한다.

7) 인간화와 도덕성 회복 : 오늘의 지나친 과학 기술주의가 비인간화를 가져오고 물질 만능주의가 도덕적 타락(성도덕, 퇴폐문화, 마약 등)을 초래한다. 따라서

우리는 올바른 인간 교육, 건전한 생활, 절제 운동 (금주, 금연 등)을 통하여 새로운 가치관의 형성과 도덕성 회복을 위해 앞장선다.

8) 생명 공학과 의료 윤리 : 우리는 근래에 급속히 발전한 생명 공학이 하나님의 창조의 질서와 인간의 존엄성을 파괴할 수도 있다는 사실과, 근대 의학의 발전이 가져오는 장기 이식 등에 대해 교회의 책임 있는 대책과 올바른 의료 윤리의 확립이 시급함을 강조한다.

9) 그리스도의 유일성과 정의 사회 실현 : 우리는 예수 그리스도가 우리의 유일한 구주임을 믿는다. 또한 오늘의 현실 속에서 정의로운 사회 건설을 위해서는 타종교와 공동 노력한다.

10) 평화적 통일 : 우리는 반만년의 역사를 가진 하나의 민족이 여러 가지 국내외적 문제로 분단되어 온 비극을 뼈아프게 느끼며 이를 극복하기 위해 민족의 동질성 회복과 화해를 통한 민족, 민주, 자주, 평화의 원칙 아래 조속히 통일되도록 총력을 기울인다.

11) 전쟁 억제와 세계 평화 : 우리는 재래적 분쟁은 물론, 인류를 파멸로 이끄는 핵무기 생산과 확산을 반대한다. 동시에 세계의 기아 문제, 식량의 무기화, 민족 분규, 패권주의 등의 해결을 위해 모든 나라와 협력함으로 세계 평화에 이바지한다.

교리강좌 | 제6강

귀신론

(demonology)

서론

동서고금을 막론하고 귀신(demon)에 대한 관심이 없는 시대나 나라는 없었다. 성경이 쓰여진 이스라엘도 예외는 아니어서 귀신에 대한 언급이 성경 곳곳에서 발견된다. 특히 신약시대에 와서는 더욱 많은 곳에서 귀신을 언급하며 그 악영향을 경계하고 있다.

일반적으로 타종교나 타문화권에서는 귀신을 죽은 사람의 영혼이 이른바 구천(九泉)을 떠돌며 산 사람들에게 악영향을 미치는 것으로 이해하지만, 성서는 분명하게 귀신을 사탄, 곧 마귀의 하수인 내지는 마귀 그 자체로 동질화시키고 있다. 왜냐면 죽은 사람의 영혼은 이리저리 떠도는 것이 아니라 하나님 앞으로 불려가 심판을 받게 되어 이 세상과는 단절된 천국이나 지옥으로 보내지게 되는 것이지, 결코 세상에 남아있을 수는 없는 것이기 때문이다.

그러면 왜 귀신은 죽은 사람의 모습이나 말을 사용하는 것일까? 귀신, 곧 마귀는 거짓의 영이요, 미혹하는 영이기 때문이다. 사람은 본래 자신의 부모나 조상에 대하여 효도의 마음을 가지고 있게 마련이다. 만약 마귀가 본래의 모습 그대로 나타난다면 그에게 경배하거나 섬기는 사람은 아무도 없을 것이다. 하지만 미혹의 영인 마귀가 죽은 이들의 모습을 하고 나타나게 되면 제대로 알지 못하는 사람들은 쉽게 현혹되고 미혹될 것이다. 결국, 귀신이 어떤 모양을 하든지 간에 근본적으로는 마귀의 농간임을 간파하는 것이 참으로 중요한 것이라고 하겠다.

귀신의 정체

귀신(demon, 쉐딤:שֵׁדםי)이란 본래 '수호신'을 칭하는 말이었다. 고대 근동의 사상인 '인간에게는 누구에게나 수호신이 따라다닌다'는 생각에서 비롯된 말이었는데, 후대에 오면서 점차 악한 영향을 끼치는 마귀, 귀신으로 생각되게 되었다. 특히 메소포타미아 지역에 있었던 나라들, 즉 바벨론, 앗시리아 등의 수메르인들은 귀신에 대단히 집착하는 경향을 보였는데, 귀신 하나하나에 이름을 붙인 것으로 유명하다. 그들이 귀신의 이름에 집착한 까닭은 귀신의 이름을 올바로 알아야만 그 귀신을 축출할 수 있다고 생각했기 때문이다. 고고학의 발굴에 의하면 벌써 그 시대에 부적이 널리 사용되었으며 악령을 전문적으로 쫓아내는 무당(exorcist)들이 존재하였음을 알 수 있다.

귀신에 대한 사상은 헬라인들도 뒤지지 않는데, demon이라는 말 자체가 '다이몬'에서 유래된 것으로 소크라테스나 플라톤까지 모두 귀신에 대한 언급을 남겼을 정도였다. 이러한 경향은 이스라엘을 비롯한 중동 전역에 많은 영향을 끼쳐, 우상 숭배의 근본 원인이 되게 하였으며 오늘날까지 광범위하게 전해지고 있다. 결국 귀신이란 우상들의 또 다른 이름일 뿐, 결코 별다른 개체가 아님을 분명히 할 필요가 있다고 하겠다.

예수 그리스도께서도 역시 귀신과 사단을 다른 개체로 인정하지 않으셨다. 귀신은 사람에게 들어가 그 사람의 영혼을 장악하여 파괴적인 행동을 일삼게 만드는 악한 영, 곧 마귀이기 때문이다. 그가 이미 죽은 사람들의 모습을 가장하는 것은 단지 사람을 미혹하게 하여 자신의 장악력을 높이려는 것일 뿐이다. 이렇듯 귀신이 마귀와 동일한 존재라는 것을 이해하면 대부분의 의혹은 쉽게 풀어진다. 마귀는 과거에 벌어진 일들에 대하여는 분명하게 알고 있기 때문이다. 점쟁이나 무당들이 사람을 현혹할 때, 그 사람의 과거를 알아맞히는 것 역시 마귀의 소행이기에 가능한 것이다. 하지만 미래는 철저하게 하나님의 영역이기에 과거는 알아도 미래는 내다볼 수 없는 한계가 있다. 마귀는 그것을 속일 뿐이다.

사단의 유래와 목적

사단(satan)이 언제 어떻게 유래가 되었는지는 성경에 분명한 언급이 없기 때문에 확실하게 알 수는 없다. 하지만 에녹서와 같은 외경의 일부나 혹은 이사야서, 에스겔서 등에 약간의 언급이 있어 그 이름을 계명성(Lucifer, 금성)이라고 명명하거나 하나님께 도전한 천사장, 그중에서도 성가대장이었다는 것 정도가 알려져 있을 뿐이지만 이것도 분명한 것은 아니다.

사단은 아주 일찍부터 존재하여, 에덴동산에도 있었다. 하와를 유혹한 옛뱀, 곧 마귀가 바로 사단이기 때문이다. 사단의 이름이나 그 유래에 대하여는 불분명할지라도 사단의 목적이 무엇인지는 성경에 분명하게 명시되어 있다.

너 아침의 아들 계명성이여. 어찌 그리 하늘에서 떨어졌으며 너 열국을 엎은 자여 어찌 그리 땅에 찍혔는고, 네가 네 마음에 이르기를 내가 하늘에 올라 하나님의 뭇 별 위에 나의 보좌를 높이리라. 내가 북극 집회의 산 위에 좌정하리라. 가장 높은 구름에 올라 지극히 높은 자와 비기리라 하도다. (사 14:12~14)

마귀가 또 그를 데리고 지극히 높은 산으로 가서 천하 만국과 그 영광을 보여 가로되 만일 내게 엎드려 경배하면 이 모든 것을 네게 주리라 (마 4:8~9)

대저 이방인의 제사하는 것은 귀신에게 하는 것이요, 하나님께 제사하는 것이

아니니 나는 너희가 귀신과 교제하는 자 되기를 원치 아니하노라 (고전 10:20)

사단의 목적은 오직 하나로 하나님처럼 사람에게 경배의 대상이 되는 것이다. 사단이 사람을 미혹하는 모든 이유는 바로 자신이 하나님처럼 되기 위함일 뿐임을 분명하게 알아야만 한다.

여호와 하나님이 뱀에게 이르시되 네가 이렇게 하였으니 네가 모든 육축과 들의 모든 짐승보다 더욱 저주를 받아 배로 다니고 종신토록 흙을 먹을지니라. 내가 너로 여자와 원수가 되게 하고 너의 후손도 여자의 후손과 원수가 되게 하리니 여자의 후손은 네 머리를 상하게 할 것이요 너는 그의 발꿈치를 상하게 할 것이니라 (창 3:14~15)

여기서 사단이 받은 저주는 상당히 의미심장한 것이다. 우선, 배로 다니게 될 것이라고 하였는데, 배는 욕망을 상징하는 것이라고 볼 수 있다. 즉, 사단은 욕망을 좇아 행하게 될 것이라는 말씀이다. 또한 종신토록 흙을 먹을 것이라고 하였는데 흙이란 다름 아닌 사람이다. 아담에게 '너는 흙이니 흙으로 돌아갈 것이니라(창 3:19)'라고 말씀하셨기 때문이다. 하지만 그 뱀은 여자의 후손에게 머리를 상하게 될 것이라고 하였다. 여자의 후손, 곧 남자를 통하지 않고 여자에게서 난 사람은 오직 예수님 밖에는 없다. 따라서 사단은 비록 예수님의 발꿈치를 물어 십자가에 달리게 하지만 궁극적으로는 그분에게 머리가 상해 멸망 당하게 될 것임을 상징하는 것이라고 하겠다.

사단을 이기는 법

사단은 자신의 정체가 알려지는 것을 가장 싫어한다. 그는 미혹의 영이요, 거짓의 영이며 속이는 자이기 때문이다. 사단은 빛의 천사처럼 광명한 옷을 입고 등장한다. 사단은 이미 죽은 사람들의 영혼인 것처럼 위장하여 복종을 강요한다. 그러나, 사단은 자신의 정체를 분명하게 알아보고 그것을 지적하는 진리의 말씀 앞에서는 존재할 수 없다. 사단을 알고도 경배할 사람은 아무도 없기 때문이다. 하지만 사단을 완전히 이기기 위해서는 그의 정체를 아는 것에서 나아가, 예수 그리스도의 그 위대한 이름의 권세를 힘입어야만 한다.

하나님이 그를 지극히 높여 모든 이름 위에 뛰어난 이름을 주사, 하늘에 있는 자들과 땅에 있는 자들과 땅 아래 있는 자들로 모든 무릎을 예수의 이름에 꿇게 하시고, 모든 입으로 예수 그리스도를 주라 시인하여 하나님 아버지께 영광을 돌리게 하셨느니라 (빌 2:9~11)

예수님은 제자들을 파송하시면서 귀신을 쫓아낼 권능을 함께 주셨다. 따라서 주님과 동행하고, 성령의 역사를 힘입는 사람은 반드시 귀신을 제어하고 그것을 내쫓으며 예수님의 이름에 합당한 선한 열매를 거두게 될 것이다.

그런즉 너희는 하나님께 순복할지어다. 마귀를 대적하라 그리하면 너희를 피하리라 (약 4:7)

교리강좌 | 제7강

이단연구 I

서론

'이단(異端)'또는 '사이비(似而非)'란 일반적으로 철학적 사상이나 종교적 교리를 추종함에 있어서 유형을 같이한 사람들 사이에 갈등이 될만한 이념적 차이가 발생할 경우 보수주의 측의 반대 입장에 서는 자들을 일컬어 지칭하는 명사이다.

영어로는 이단을 헤레시(Heresy)라 하고 독일어로는 케츠레이(Ketzrei), 라틴어로는 헤레시스(Haeresis)인데 이들은 모두 헬라어 헤이레시스(Heiresis)라는 말의 음을 자기들의 글로 받아 적은 것들이다. 헬라어의 헤리레시스(Heiresis)라는 말은 보통 붙잡힘(Seizure), 선택(Choise), 결심(Resolve) 등의 의미로 쓰이고 있다. 그러나 이 말이 헬라인들이 좋아하는 철학이나 과학 등 학술적인 용어로 활용되면서 '전통적인 것과 특별히 구별된 어떤 견해나 학파' 같은 것을 가리키는 뜻이 되었다.

히브리의 랍비적 용어에는 헬라어 헤이레시스(Heiresis)에 해당된 말은 나르바(Narba)와 메부(Meboo)인 바 이는 바리새, 사두개, 엣세네와 같은 유대인의 내부에 나타난 당파를 말할 때 사용되는 언어였다.

이단에 대하여

구원받으려면 무엇을 해야 하는가? 이 질문은 이 땅 위의 거의 모든 사람들이 마음속 깊이 던지고 있는 질문이다. 이단은 바로 이러한 심리를 잘 이용한다. 그래서 구원을 그리스도의 은혜로 우리에게 값없이 주어지는 선물의 개념이 아닌, 인간의 노력에 의한 결과라고 주장한다. 왜냐면 그래야 추종자들로부터 물질적 착취와 종교적 열심을 강요할 수 있기 때문이다. 그들은 인간은 누구나 죄인임을 말하면서, 그 죄를 씻기 위해서는 어느 정도의 고통이 수반되어야 한다고 한다. 즉, 육체적 자학이나 금식 기도 등을 반드시 해야 한다고 말하는 등 허망하고 잘못된 메시지를 전달하는 것이다. 또한 이단은 세상에서는 그 누구도 결코 구원의 확신을 가질 수 없다고 가르친다. 왜냐하면 지속적으로 속이기 위해서는 구원의 확신을 갖게 해서는 안 되기 때문이다. 따라서 추종자들은 자신들이 결코 구원을 얻을 만한 선행도, 자선도, 기도도, 예배도 충분히 드리지 않았다는 일종의 두려움에 항상 사로잡히게 된다. 결과적으로 늘 불안해하는 추종자들은 착취하기가 쉬운 대상으로 전락해 버리고 만다.

더불어 이단 종파들은 지도자의 인격과 말을 신격화시키는 데 그 공통점이 있다. 메시아임을 자칭하는 이단 교주들은 자신들이 하나님의 특별한 중재자로서의 능력을 가지고 있다고 주장한다. 그러한 능력으로 하나님의 보좌를 움직일 수 있다고까지 주장하는 것이다. 나아가서 성령을 어떤 신령한 힘으로 오해하게 만들고 그 힘을 자기가 준다고 믿게 한다. 또한 천국에 대한 환상적 이야기를 통하여, 교주 자신은 하나님과 아주 가까이 있으며 하나님의 뜻을 완전히 알 수 있다고 주장한다. 그래서 추종자들에게는 예언을 통해 하나님의 뜻을 선포하는데 심지어 교주가 봉사의 영역을 지정해 주고, 장래를 결정해 주며, 배우자가 누구라는 것까지 지목해 준다.

이단은 성경 말씀의 객관적이고 절대적인 진리에서 벗어나는 경향을 띠고 있다. 그들의 주장은 앞뒤가 맞지 않고 혼란하다. 따라서 그들에게는 더 이상 교리라는 용어가 의미를 갖지 못한다. 그들은 대부분 체계적인 주장을 갖추기보다는 감정적인 흥분을 더 잘 이용한다. 영창의 사용, 높이 쳐든 손, 단조로운 멜로디의 반복, 스타카토식의 몇 마디 말의 반복 등으로 이루어지는 예배 행위들은 사실은 반이성적인 것으로, 인간의 감정 구조를 이용하기 위해 고안된 수법이다. 이러한 장치에 의해 추종자들은 일종의 평온함 또는 감정적 격양, 환희 등을 느끼게 되는데 이단 종파는 이것을 종교적 체험이라고 하나 사실은 정서적 쇼크에 불과하다.

예수 그리스도 안에 있는 구원의 발견보다 더 위대한 발견은 이 우주 안에서는 더 이상 있을 수 없다. 그러나 거의 모든 이단 종파들의 시초는 교주가 받았다는 개인적이고도 출처가 불분명한 종교적 체험이다. 이것이 자칭 '계시'이다. 사실, 어떤 주제에 대해 비밀을 알고 있다고 주장하는 사람보다 더 끌리는 사람은 없다. 이단은 바로 이것을 이용하는 것이다.

나아가서 예수 그리스도에 대한 잘못된 가르침을 가지고 있다. 그리스도의 신성을 부인하거나 인성을 부인한다. 삼위일체 교리를 믿지 않거나, 하나님의 본성에 대해서도 이의를 제기한다. 결국 복음의 참된 일꾼인지 아닌지를 알아보는 첫 걸음은 예수 그리스도의 인격과 사역에 대한 그들의 정의가 어떤지를 살펴보는 것이라고 하겠다.

이단종파들의 특징

1. 성경과 병행하거나 보다 우위에 놓는 자기들 고유의 경전을 가지고 있다.
통일교(원리강론), 전도관(천부교 오묘원리), 여호와의 증인(새 세계 번역성경), 몰몬교(몰몬경), 안식교(교리문답), 크리스찬싸이언스(과학과 건강)
2. 신앙의 핵심이 있어야 할 위치에 다른 교리를 대치하거나 오히려 우월하게 다룬다.

3. 교주를 신격화한다.

4. 이단종파의 교주나 창시자가 하나님으로부터 특수계시를 직접 받았다고 한다.

5. 특수분야의 매력을 가지고 사람들을 현혹한다.

예)승공, 신앙촌, 천년성, 유토피아, 신유은사, 어학, 기업활동, 매스컴, 의료사업, 교육활동 ……등

이단종파들의 일반적인 성격

1. 시한부 말세심판 주장.
2. 선민의식으로 가득 차 있음.
3. 기성종교를 부정.
4. 각 종교의 교리를 종합.
5. 입신 등의 각종 신비의 체험을 강조.
6. 무속신앙 등의 혼합주의적 성격을 지님.
7. 자기들의 종교를 믿어야만 구원받는다고 주장함.
8. 자칭 종교개혁이라고 부르짖음.
9. 자칭 말씀의 종 내지는 하나님의 계시자라고 주장함.
10. 교주가 재림주라고 함.

결론

예수 그리스도의 말씀에서도 나오듯이 가라지와 알곡은 밭에서 함께 자란다. 이단은 반드시 참된 가르침과 섞여 있다. 사실 표면에 드러난 다른 집단으로서의 이단들은 차라리 구별하기 쉽고 또 경계하기도 쉽다. 하지만 기성종교의 이름을 가지고 있으면서 실제적으로 이단의 가르침을 선포하는 집단이 더 큰 문제를 안

고 있다. 그런데 모든 이단들이 처음에는 기성종교 안에서 시작되었다는 것은 정말 두려운 일이라고 하겠다.

이단의 가장 큰 특징을 하나만 들자면 그것은 '자기를 잃어버리게 하는 것'이라고 할 것이다. 참된 가르침은 자신을 발견하는 것이다. 자기가 누구인지 무엇을 해야 하는지 얼마나 사랑받은 고귀한 존재인지를 깨닫게 되는 것이다. 하지만 이단은 자기를 잃어버리고 제정신을 상실하게 만드는 특징이 있다. 제정신을 잃어버리게 한다면 그것은 겉이 어떻든 분명 이단인 것이다.

교리강좌 | 제8강

이단연구 II

우리나라의 이단들

서론

종교의 무한한 자유가 허용된 우리나라는 가위 사이비 종교의 천국이라고 불려도 과언이 아닐 것이다. 문공부가 허용하는 몇 가지 기본적 양식만 지키면 얼마든지 신종 교단을 세울 수 있으며, 어떠한 교리를 주장하든 물의를 일으키지만 않는다면 큰 문제가 되지 않기 때문이다. 게다가 우리 기독교는 우리나라 역사에 있어서는 그 뿌리가 불과 100년 정도밖에는 되지 않기 때문에 더더욱 심각한 상태인 것이다.

우리나라의 이단들

〈 이단 종파 분류 현황 〉

	명 칭	창시자	대 표	주 소
1	통일교(세계평화통일가정연합)	문선명	한학자	한강로3가 63-379
2	기독교복음선교회(JMS)	정명석	정명석	충남 금산군 진산면 석막리
3	천부교(전도관)	박태선	심광수	부산 기장군 기장읍 죽성리 770
4	영생교 승리제단	조희성	故조희성	부천시 역곡3동 175-2

5	한국기독교 에덴성회	이영수	이영수	청평면 에덴벚꽃길 189
6	대한예수교장로회 이삭교회(장막성전)	유재열	오평호	과천시 무원동 14-4
7	세광중앙교회(구 실로등대중앙교회)	김풍일	김풍일	봉천6동 67-34
8	신천지예수교증거장막성전	이만희	이만희	과천시 별양상가2로 14
9	광주삼성제단	이현석	이현석	광주시 북구 중흥1동 696-3
10	새일중앙교회, 승리새일교회	이유성 (이뢰자)	김정윤	용산구 한강대로 270
11	대전 새일교회	유진광	유진광	대전시 동구 소제동 309-5
12	서울중앙교회(예루살렘수도원)	김화복	김화복	충정로 3가 3-317
13	스룹바벨선교회	최대광	최대광	상도3동 328-5
14	서울성락교회(마귀론)	김기동	김성현	신길3동 355-184
15	그레이스 아카데미(서울대치순복음교회)	한만영	한별	대치동 986-9
16	산해원 부활의 교회	이태화	이태화	마산시 마초동 35-1
17	예수중심교회(한국 예루살렘교회)	이초석	이초석	KBS스포츠월드 아레나홀
18	레마선교회	이명범	이명범	방배4동 852-20
19	기독교복음침례회(구원파)	권신찬	김종원	한강로 1가 231-23
20	대한예수교침례회(생명의말씀선교회)	이요한	이요한	안양시 관양2동 1509
21	대한예수교침례회 기쁜소식선교회	박옥수	박옥수	서초구 양재동 183
22	다미선교회(새하늘교회)	이장림	이장림 (이답게)	연남동 365-25
23	성화선교교회	권수용	권미나	부산시 금정구 장전동 108-1
24	디베라 선교회(빛의소리선교회)	하방익	하방익	
25	새생명교회(다니엘 선교교회)	전양금	전양금	보문동 2가 105-3
26	시온교회	이재구	이은화	
27	대방주교회	오덕임	오덕임	
28	노간교회(혜성교회)	유복종 (유자현)	유복종 (유자현)	방학1동 706-2
29	만민 중앙교회	이재록	이재록	동작구 여의대방로22길 73
30	한국중앙교회	이천성	이천성	논산군 연무읍 마전5동 1081-1
31	종말복음연구회(예장합동성광)	공용복	공용복	광명시 광명6동 346-36
32	대한예수교장로회 평강제일교회(대성교회)	박윤식	유종훈	구로구 오류2동 147-76

33	밤빌리아교회(세계추수꾼훈련원)	허영만	이선아	광명시 철산3동 375
34	용광로교회(영복기도원)	김은혜	김은혜	휘경동 114-9
35	주현교회	이교부	이교부	이리시 주현동 174-4
36	해성교회	김기엽	김기엽	상도4동 214-250
37	에덴문화연구원(만교통화교)	김민석	김민석	
38	할렐루야 우리집(할렐루야 기도원)	김계화	김계화	포천 선단동 197
39	십계석국총회(엘리야 복음선교회)	박명호	이광길	소초면 간촌길 130
40	하나님의교회 세계복음선교협회(안산홍 증인회)	안산홍	장길자	분당구 백현동 526

결론

우리나라의 이단 현황은 이 외에도 그 수를 헤아릴 수 없을 정도로 다양하며 또한 엄청난 규모를 이루고 있다. 이 문제의 가장 근본적인 원인은 우리 기독교가 그 역사의 짧음에 비하여 비약적 성장을 이룩하였고, 그 과정에서 오는 불균형에 있다고 하겠다. 솔직히 말해서 전 세계 그 어느 나라보다 우리나라는 목사가 되기 가장 쉬운 나라인 것이다. 물론 종교의 자유는 그 어떠한 이유로도 억압되어서는 안 된다. 하지만 동시에 종교는 주어진 자유에 대한 무한대의 책임이 있음을 통감해야 할 것이다. 이단 사이비의 횡행(橫行)은 우리 기독교 자체의 무책임성에 기인하고 있음을 깊이 자성하고 좀 더 분명한 대책과 교육이 있어야 할 것이다.

교리강좌 | 제9강

이단연구 III

해외의 이단들

서론

서구의 이단은 아주 오래전부터 존재하였었다. 예수 그리스도 이후 기독교가 태동하면서 예수 그리스도의 신성(神性)과 인성(人性)에 대한 논란은 끊임없는 교리적 충돌을 야기시켰으며 이로 인한 이단 사설들의 발생은 상당히 오랜 연혁을 두고 계속되어 왔다. 우리나라의 자생적 이단이 무속(巫俗)적이고 소수에 의한 집단적 경향이 강하다면 외국의 이단들은 그 뿌리가 깊고 논리적이라는 것에 특징이 있다고 하겠다.

하지만 이러한 기독교 이단들의 도전은 사실상 종교개혁 이전에 거의 마무리되었다고 보이며, 그 이후로는 미국에서 자생한 몇몇 단체들이 문제가 되고 있을 뿐이다. 유럽의 기독교는 많은 역사를 거치면서 신학적 작업이 검증되고 또 수많은 논쟁을 거치면서 이단 사설의 정체가 어느 정도 드러났기 때문에 사실상 소멸되었다고 말해도 과언이 아니다. 물론 유럽의 이단들이 일소된 연유에는 중세를 거치면서 무자비한 종교 탄압이 감행되었기 때문임을 간과할 수는 없겠지만 이유야 어쨌든 유럽의 이단 사설들은 이제 크게 맹위를 떨치고 있지 못한 것이 사실이다. 하지만 미국의 기독교 이단은 그 역사의 짧음과 정비례하여 탄생하였고, 또한 미국의 특징 그대로 물질을 앞세워 거대한 집단으로 활성화되어 나가고 있다는 것에 특징이 있다고 할 것이다.

해외의 이단들

현재 우리나라에 들어와서 활동하고 있는 기독교 해외 이단은 크게 세 집단으로 모두 미국에서 발생되어 거대하게 성장한 집단들이다.

1) 여호와의 증인(Jehovah's Witness, 왕국회관)

19세기 중반 미국 펜실베니아주의 러셀(Charles Raze Russell)에게서 시작된 여호와의 증인은 현재 208개의 지부 아래 239개 국가와 지역에 869만여 명의 신도들이 있다. 우리나라에는 1912년에 여호와의 증인 선교사 R. R. 홀리스터에 의해 전파되기 시작하여 2021년 기준으로 1,270개 단체에 10만 5,000여 명의 신도들이 있다. 월 2회씩 발행하는 〈파수대〉와 〈지금은 깰 때이다〉의 한국어판은 매호 각 25만 부씩 발행되고 있다.

삼위일체를 부정하고 예수 그리스도의 신성도 부정하며, 성서의 가르침이 전하는 그대로를 실천하겠다는 취지 아래 그들은 다른 교단과는 거의 교류하지 않으며, 정부의 간섭도 일체 배제한다. 그들은 세상의 권력과 정당들이 무의식중에 사탄을 돕는 동맹자라고 간주한다. 이 때문에 어떤 국가의 국기에 대해서든 경례를 하거나 병역 의무를 수행하기를 거부하고, 공공 선거에 거의 참여하지 않는다. 성서의 가르침을 그대로 받아들여 심지어 건강을 위한 수혈까지도 거부하고 있다. 이들은 다른 교단들까지도 사탄의 교묘한 수단일 것이라는 의심을 했으며, 여러 해 동안 자기들의 조직에서 목사·교회·회중 같은 용어를 사용하지 않았다.

그들의 목표는 신정국가인 '하나님 왕국'의 다스림을 받는 것이다. 이 왕국의 다스림은 아마겟돈 전쟁 다음에 등장할 것으로 믿으며, 이렇게 추정하는 근거로는 성서의 묵시서들, 특히 〈다니엘〉, 〈요한 계시록〉을 든다. 그들은 이 책들이 세계사에 대한 하느님의 시간 계획표이며, 인간의 운명에 대해 유일하게 권위를 지닌 통찰이라고 간주한다. 교조 러셀은 묵시 문학적인 계산에 따라 1874년을 그리스도의 '보이지 않는 재림'의 해로, 1914년을 그리스도가 재림하고 '이방인 시대'를 마감하는 해로 잡았다. 여호와의 증인들은 이러한 연대 계산과 예언에 힘입어 세계의 사건들과 그들이 시대의 표징들로 간주한 것에 근거하여 현대의 삶을 자기 나름대로 분석하고 해설한다. 문자적인 지옥 개념과 영생의 불가피성을 모두 배척하며, 어떤 경우에는 죽음이 철저한 멸절을 뜻한다고 주장한다.

2) 제 칠일 안식일 교회(Seventh-day Adventist , 안식교, 재림파)

윌리엄 밀러(William Miller, 1782~1849)의 주창으로 시작된 안식교는 구약성서의 안식일은 현재의 토요일이기 때문에 주일에 예배를 드리는 것은 잘못된 것이고 토요일에 예배를 드려야 합당하다고 주장한다. 또한 예수 그리스도의 재림에 대한 시한부 종말론을 주장하여, 1844년에 재림을 예언하였지만 억측으로 판명되고 말았다. 그의 뒤를 이어 화이트(White, 1827~1915)라는 여인이 뒤를 이어 교세를 장악하고 선교에 나섰다. 그녀는 본래 감리교도였지만 안식교로 개종하면서 환상을 보았다고 주장하며 많은 예언을 하여 스스로를 신격화시켰다.

사실상 안식교는 교육, 의료, 사회사업 등의 괄목할 성과를 내어놓고 있는 것이 사실이다. 삶의 자세도 비교적 정숙하고 깨끗하여 큰 지탄의 요소를 지니고 있지 않기도 하다. 우리나라에서는 삼육 재단, 위생병원 등의 심도 높은 단체들을 경영하면서 자신들이 정한 규칙에 따른 재림을 기다리고 있을 뿐이다.

별반 위험한 것처럼 보이지 않기에 미국에서는 이단이 아니라는 논란까지 일으키고 있는 안식교는, 그러나 그 내부에 들어가 보면 재림 사상에 대한 지나친 기대와 천년왕국에 대한 그릇된 해석, 그리고 화이트 여사에 대한 신격화 등의 이단적 요소가 있음을 부인할 수 없다.

3) 예수그리스도 후기성도교회(The Latter-Dad Saints, 몰몬교 : Mormonism)

흔히 몰몬교(몰몬의 아들 모르나이가 부활하여 천사가 되어 교조에게 계시를 주었다는 뜻에서)라고 불리는 이 단체는 요셉 스미스(Joseph Smith Jr, 1805~1844)라는 사람이 17세부터 환상을 보고 그 환상에 따라 몰몬경이 쓰여 있는 금판을 발견하였다는 신비적 발상을 근거로 하고 있다. 이 새로운 경전에는 BC 600년부터 AD 420년까지의 여러 가지 일들이 적혀 있어서 스미스가 고대 이집트어로 쓰인 이 금판을 영어로 번역하였으며, 그가 번역을 끝내자 하늘로 올라가 사라졌다고 하는 것이다.

교조인 스미스가 38세에 일리노이 민병대에게 살해당하자 뒤를 이어 부리감영(Brigham Young, 1801~1877)이 그 뒤를 이었다. 그는 일부다처제를 주장하여 20명의 아내를 통해 47명의 자식을 낳은 사람으로 박해를 피해 유타주에 살았으며 그곳의 주지사를 지내기까지 하였다. 1900년에는 유타주 전체 인구의 80% 이상이 몰몬교도였을 정도였다. 20세기 후반에 이르러는 500만 명 이상의 교인들을 확보하였고 그 가운데 거의 80%가 미국에 살고 있었지만, 라틴아메리카, 캐나다, 유럽, 오세아니아 각 지방으로도 퍼져나갔다. 전 세계 신도 수는 2021년 기준으로 1,680만 5,400여 명으로 집계되었다.

그들에게는 따로 성직자에 대한 개념이 없으며 모든 정상적인 남자는 12세가 되면 집사가 되고, 14세가 되면 교사가 되며, 16세가 되면 제사가 된다. 약 2년 뒤에는 장로로서 18개월 동안 선교사로 일할 수도 있다. 각 등급은 정원에 따라 조직되어 각자 자기의 활동을 하는데, 집사와 교사들은 장로를 따라 신도들의 가정을 두루 방문한다. 선교사로 해외에 파송되는 사람들은 장로들이다. 이때 비용은 자신이 직접 대거나 그의 가족들이 부담한다. 우리나라에서 선교하고 있는 몰몬교의 젊은 선교사들 역시 18개월의 시한부로 찾아온 장로들이다.

결론

해외의 이단은 거의 대다수 미국을 토대로 하고 있다. 그것은 미국 역사의 짧음과 동시에 거대한 자본의 힘을 배경으로 하고 있기 때문이다. 이러한 강점을 통하여 문화적으로 이성적으로 접근하는 이단은 점점 더 거대화되고 권력화되어 가고 있기에 더욱 주의가 필요하다.

교리강좌 | 제10강

종말론 I

Eschatology

서론

역사를 주관하시는 분은 오직 하나님 한 분뿐이시다. 그것은 역사를 구성하고 있는 근본적인 두 가지 요소, 곧 시간과 공간이 오직 하나님께 속한 것이라는 뜻이기도 하다. 최소한 이 두 가지 근원은 인간에게 속한 것이 아니다. 하나님께서 이 세상을 창조하셨다는 것은 곧 시간과 공간을 창조하셨다는 것과 일맥상통하는 말이다. 그리고 창조는 동시에 종말을 내포하고 있기도 하다. 시간은 창조와 함께 시작되었으며 종말과 함께 끝나게 될 것이기 때문이다. 이런 의미에서 종말은 창조처럼 인간의 사고나 능력을 초월하는 하나님의 고유 영역이다. 따라서 인간은 그 개념도, 현상도 나아가서 그 무엇도 온전히 알 수 없으며 상상하기도 어려운 것이다.

사실상 종말에 대한 어떠한 언급도 바른 것일 수는 없다. 더구나 종말을 현재 우리가 살아가는 시간의 개념에 끌어들여 날짜를 가늠하거나 현상을 분석하여 예측하는 것은 하나님의 시간에 대한 무지의 소산이며 너무나 어리석은 행위임에 틀림이 없다.

종말의 개념

종말의 개념에는 적어도 세 가지의 영역이 존재한다. 범 우주적 종말, 곧 창조의 마지막 결과물로서의 우주적 종말이 있고, 한 집단의 종말 곧 나라나 사회나 단체의 종말이 있으며 모든 인간이 맞이하게 될 개인적인 종말 곧 죽음이 있다. 성서는 이 세 가지의 종말을 모두 언급하고 있으며 때로는 그것이 혼합되어 설명되기도 하기 때문에 잘 구분해 볼 필요가 있다.

1) 개인적 종말 – 죽음

하나님의 공평하심은 죽음의 문제 앞에 모든 인간이 동등하다는 원칙에서 가장 잘 증명될 수 있을 것이다. 그런데 인간은 영혼과 육신의 두 가지 영역으로 구성되어 있다. 그렇다면 죽음은 이 가운데서 오직 육신의 죽음만을 의미하는 것일까? 여기에 대하여는 신학자들 간에도 일치된 견해를 가지고 있지 못하다. 하지만 분명하게 정리할 수 있는 것은 죽음이 결코 인생의 끝이 아니라는 것이다. 그것은 다만 시간과 공간의 끝일뿐이다.

죽음은 창조로 시작된 인생의 완성이다. 그 후에는 새로운 창조, 곧 영생을 누리는 새로운 생명이 있을 것이다. 더구나 놀라운 것은 영생이라고 하는 것이 단지 영혼이 죽지 않는다거나 영혼만이 살아남는다는 것을 의미하는 것이 아니라는 것이다. 이것이 기독교의 탁월함이다. 예수님과 사도 바울을 비롯한 많은 성서적 증언들은 육신을 포함한 전인격적 부활을 선언하고 있기 때문이다. 그리고 그 생명은 시간과 공간, 생로병사(生老病死)를 초월한 새로운 생명으로의 탄생이다.

신앙은 믿음이다. 죽음 이후의 새 생명에 대하여 우리는 오직 믿음으로 확신할 수 있을 뿐 그 이상의 어떠한 추론도 사실상 불가능하다. 다만 예수 그리스도의 부활을 통하여 간접적 접근을 시도할 수 있을 뿐이며 소망 속에서 그날을 기다릴 수 있을 뿐이다. 한 가지 분명한 것은 새로운 생명은 시간도 공간도 그리고 능력의 한계도 다 초월한 생명이라고 하는 것이다. 그것은 인간의 유한한 생명의 연장이 아니라, 하나님의 영원한 생명으로 살아가는 것이기 때문이다.

2) 집단적 종말

구약성서에 나타난 종말 사상의 대부분이 바로 여기에 해당한다. 그들은 민족적 개념을 가지고 종말을 예견하였다. 메시아의 사상도 민족을 대표하는 것이었으며 시온 사상도 민족의 개념을 떠나서는 생각할 수 없는 것이었다. 그도 그럴 것이 구약에 나타난 이스라엘의 신앙은 민족의 개념을 떠나서는 생각할 수 없는 것이었기 때문이다. 따라서 '천년왕국' '새 예루살렘' '메시아 왕국'과 같은 사상은 이스라엘의 집단적 의식의 발로 속에서 예견된 것임을 먼저 분명히 하지 않으면 안 될 것이다.

이스라엘의 랍비들은 역사를 두 가지, 즉 현재의 역사와 새롭게 다가오는 역사로 나누어 생각하였다. 그리고 그 사이에는 무서운 재앙의 시간이 존재하고 있으며 그 시간을 통하여 하나님은 현재의 역사를 멸하시고 새로운 역사를 창조하신다고 믿었다. 이 사상은 예언자들의 예언 속에 면면히 이어지고 있으며 신약에까지 큰 영향을 끼쳐 '7년 대환난', '아마게돈 전쟁' 등의 사상으로 이어지게 되었던 것이다. 하지만 집단적 종말은 역사적 사건들, 즉 유다의 멸망(BC 586), 안티오커스 에피파네스의 성전 모독(BC 167~160), 예루살렘의 멸망(AD 70), 네로의 핍박 등의 사건과 밀접하게 연관되어 있다는 것을 잊어서는 안 된다. 즉, 예언서들의 종말 사상은 대부분 유다의 멸망과 연관되어 있으며 다니엘서 이후의 예언은 안티오커스의 사건에 그리고 신약성서의 종말 사건들은 예루살렘의 멸망에 그 초점이 맞추어져 있음을 간과해서는 안 된다고 하는 것이다.

집단적 종말, 그것도 유대 민족의 종말은 도처에서 예견되고 있었던 것이며 동시에 그것은 참으로 무섭고 끔찍한 일이었다. 그러나 한 집단에게 있어서 그 집단의 멸망은 곧 우주적 멸망과도 일맥을 같이 한다고 하는 면에서 여기에는 나누어 생각하기 힘든 모호함이 존재하고 있음을 기억해야 할 것이다.

3) 우주적 종말

기독교 사상에는 개인적 종말이나 집단적 종말에 대한 언급 외에도 분명한 우주적 종말의 언급이 담보되고 있다. 그것이 바로 예수 그리스도의 재림과 하나님의 심판, 그리고 역사의 종말과 새 하늘과 새 땅의 창조인 것이다. 이것은 너무나도 명백하게 선언된 사건으로 우주적 종말 이외의 그 어떤 것으로 대치되거나 설명될 수 없다. 바울을 비롯한 초대교회는 모두 이 사건을 기대하고 있었으며 예수 그리스도께서도 분명하게 약속하신 것이었다.

다만 안타까운 것은 우주적 종말의 사상이 유대민족의 집단적 종말 사상과 여러모로 뒤엉켜 어떤 것이 어떤 것인지 분명하게 나누어 생각하기 어렵게 되었다고 하는 것이다. 이것은 계시받은 예언자들의 선언들이 명백하게 구분되어 있지 않고, 시대 역사적 상황이 과학적 세계관을 일정 부분 결여하고 있었기 때문이다. 당시의 모든 사람들은 천동설을 믿고 있었으며 지구를 우주의 중심에 놓고 있었다. 따라서 그러한 관점에서 계시를 파악하였고 설명하였으며 선언하였던 것이다.

하지만 누구도 부인할 수 없는 것은 우주적 종말은 반드시 온다고 하는 것이다. 거기에는 역사의 주관자로서 예수 그리스도의 재림이 필연적인 것이 될 것이며 모든 시간과 공간이 끝이 나고 창조의 완성으로서의 하나님의 능력이 온전하게 실현될 것이다.

결론

성서 당시의 상황과 현재의 상황은 많은 면에서 달라져 있다. 우선 기독교는 더 이상 유대민족만의 신앙이 아니며, 지구는 이제 우주의 중심이 아니고 또한 세상은 세 개의 영역 곧 삼층천으로 구분될 성질이 아니라고 하는 것이다. 이런 면에서 성서의 언어들은 새롭게 재해석되고 설명되어야 할 부분을 많이 안고 있다. 이것이 제대로 인식되지 못하여 때때로 역사는 잘못된 종말 사상을 양산하여 왔음을 기억해야 할 것이다. 중세로부터 오늘의 현재에 이르기까지 염세적이고 부정적인 종말론들이 수 없는 해악을 끼치고 있음은 부정할 수 없는 사실이다.

그러나 어떤 의미에서든 종말은 반드시 온다. 그리고 거기에는 예수 그리스도의 재림과 하나님의 심판이 약속되어 있음을 잊어서는 안 된다. 또한 그 사건은 우주적 종말과 함께 오는 것이지만 개인적 종말 역시 시간을 넘어선다는 면에서는 동시의 사건임을 간과해서는 안 된다. 죽음을 맞이하는 사람은 곧바로 심판대 앞에 서야 할 것이다. 거기에는 예수 그리스도께서 심판주로 계실 것이다. 왜냐면 죽음은 시간과 공간의 너머에 있는 것이기 때문이다.

교리강좌 | 제11강

종말론 II

용어정리

서론

종말론에는 종말론에만 등장하는 독특한 용어들이 상당수 있다. 이러한 용어가 등장하는 이유는 기존의 성서 전반이 가지고 있는 사상과는 비교적 상이한 새로운 이론들이 도입되어야 하기 때문이다. 또한 종말론은 지난 강좌에서 살펴본 대로 몇 가지 갈래로 나누어질 수 있다. 그것이 용어들이 혼동되어서는 안 되는 가장 중요한 이유이기도 하다. 따라서 그 용어들이 가지고 있는 본래의 의미를 잘 알지 못하면 자칫 오해의 소지가 많이 있다고 하겠다.

용어정리

천년왕국(千年王國, The Millenium)

천년왕국에 대한 성서적 근거는 비교적 빈약한데 오직 계시록 20장 4~6절에만 잠시 언급되고 있을 뿐이다. 여기에 근거하면 예수님의 재림과 함께 세상의 모든 권세는 끝이 나고 사탄은 무저갱에 갇히게 된다. 그러나 그것이 사탄의 완전한 멸망을 의미하는 것은 아니다. 사탄은 일천 년이 지난 뒤 다시 풀려나게 될 것인데 얼마간의 기간을 활동하다 마침내 완전히 멸망하여 영원히 헤어나올 수 없는 지옥으로 떨어지게 될 것이라는 사상이다. 사실 이 천년왕국의 이론은 전천년설(premillenium), 후천년설(postmillenium) 등 여러 가지 이론들로 나뉘어져 논의되어 오고 있는 불확실한 논리이다. 어거스틴의 경우에는 이 천년왕국의 이론을 영적 천년왕국으로 정리하여 눈에 보이지 아니하는 하나님의 나라라고 정리한 반면 극단적 종말론을 추종하는 사람들은 이 나라를 이루기 위해 어떠한 희생이라도 치를 수 있다는 논리로 발전하기도 하였다.

휴거(携擧, Rapture)

데살로니가전서 4장 16~17절에 언급된 사상으로 예수님의 공중 재림과 함께 살아있는 성도들은 구름 속으로 끌려 올라가게 되는데 이것을 가리켜 휴거라고 한다. 사실 이 사상은 초대교회 당시에 매우 팽배해 있었던 사상으로 자신들이 죽기 전에 주님이 오시게 될 것이고 그러면 자신들은 죽음을 맛보지 아니하고 산채로 엘리야처럼 천국에 들려 올려지게 될 것이라는 생각이었다.

무저갱(無低坑, abyss)

지금 현재 악한 영들이 거하는 곳으로, 아직 지옥에 갇히지 아니한 상태로 잠시 기거하는 곳이다. 이 장소가 필요한 이유는 바로 7년 대환난에 잠시 풀려나 세상을 어지럽게 하기 위함인데, 무저갱의 봉인은 환난 날에 다섯 번째 천사가 열게 될 것이고 그 속에서는 짐승, 곧 사탄이 등장하게 될 것이다(계시록 9장).

적 그리스도(anti-christ)

초기에는 이단 사상을 주장하는 사람이나 단체를 가리키던 말이었는데, 계시록 이후부터는 모든 악의 총화로 이해되어 악한 세력의 우두머리로 표현되게 되었다.

7년 대환난

마지막 날에 임하게 될 무서운 환난을 상징하는 말이다. 흔히 전 3년 반, 후 3년 반으로 나누어 표현하기도 하는데, 그것은 BC 168년 안티오커스 에피파네스가 예루살렘을 정복하고 무서운 통치를 벌여 수천 명을 살해하고 성전을 모독하는 등 극악한 정치를 폈던 기간이 3년 반에 해당했기 때문이다.

짐승의 표(숫자 : 666)

계시록 13장에 의하면 적그리스도(짐승)는 환난의 때에 자신의 하수인들에게 이마와 오른손에 표를 받게 한다. 경건한 유대교인들이 이마와 오른손에 성경 말씀을 기록한 작은 양피지 함을 달고 기도하였던 것에 반하여 자신의 상징이 달린 표를 받게 한다는 것이다. 그런데 그 표는 상징적으로 표현되어 666이라고 하였다. 성경이 기록될 당시에는 아직 아라비아 숫자가 도입되기 전이었기 때문에 숫자를 표현하기 위해서는 알파벳을 활용하지 않을 수 없었다. 결국 숫자 666이란 특정한 이름의 라틴어 알파벳을 합쳐 놓은 숫자에 해당한다. 고래(古來)로 이 숫자는 많은 사람들에 의하여 이용되었는데 네로, 루터, 히틀러, 스탈린 등 그 이름으로 짜 맞춘 인물은 수없이 많았다. 오늘날에 와서는 성서 학자들의 대부분이 이 숫자가 잔인한 네로의 이름을 상징한 것이라고 하는 데 동의하고 있다. (N=50, E=6, R=500, O=60, N=50)

십사만사천(144,000)

계시록 7장에 등장하는 숫자로 예수님으로부터 성도의 인(印)을 받은 사람의 숫자를 나타내는 말이다. 이 숫자가 등장하게 되는 까닭은 완전수인 12의 개념에 1000을 곱하여 12,000명씩 12지파의 숫자, 곧 완전한 숫자를 나타내기 위함이었다.

아마겟돈(Armageddon)

계시록 16장에 언급된 장소로 '전능하신 하나님의 큰 날'에 있을 전쟁으로 인하여 전 세계의 왕들이 집합하게 될 장소이며 동시에 하나님의 권세와 능력에 의하여 모든 악한 세력들이 최종적인 멸망을 당하게 될 장소로 묘사되고 있다. 이 용어가 구체적으로 어느 곳을 언급하는지는 불명확하지만, 히브리어로 아마겟돈은 '하르 므깃돈'으로 구약시대에 많은 전투가 이루어졌던 갈멜산 근처의 '므깃도'에서 유래된 것으로 보고 있다. 므깃도는 바로 요시야가 전사한 곳이다.

백보좌(Great White Throne) 심판

계시록 20장에서 예수님이 마지막 심판주로 앉게 될 흰 보좌를 상징하는 말이다. 이 최후의 심판으로 사탄은 영벌에 처해지고 새 하늘과 새 땅이 열려 성도들은 영원토록 하나님과 함께 세상을 다스리게 될 것이다.

생명책(Book of Life)

성서의 보편적 사상으로 시편 69편, 이사야 4장 등에서부터 이어져 내려오는 개념으로 성도들의 이름이 기록된 족보와 같은 책자가 하나님께 있는데, 이 책에 이름이 기록된 사람만이 영생을 얻게 될 것이라는 사상이다.

일곱 봉인(Seven Seals)

요한 계시록의 구성은 예수님이 하나님의 오른손에 들려진 '일곱 인봉 된 책'을 하나씩 뜯어 보이는 것으로 되어 있다. 일곱 봉인은 여기에서 온 말이다.

결론

종말론은 상당히 복잡하고 어려운 사상이다. 개인적, 집단적, 그리고 범 우주적 종말의 모든 양태가 섞여 있으며, 구약의 예언들과 외경의 전승들, 그리고 신비주의와 예수님께서 남기신 말씀 등이 곳곳에서 무작위로 드러나고 있기 때문이다. 또한 구약의 사상과 복음서의 사상, 사도 바울의 사상, 그리고 요한 계시록의 사상까지도 완전한 일치를 이루지 못하고 있다. 이것은 어쩌면 당연한 것이다. 종말은 분명 미래의 일이고 그것은 베일에 가려져 있는 것이기 때문이다. 중요한 것은 종말이 있다고 하는 분명한 믿음이다. 종말론이 존재하는 것은 그것이 어떤 것인지를 밝히기 위함이 아니라, 종말이 있음을 믿게 하려는 것임을 기억하자. 일반적으로 정리된 종말의 과정은 다음과 같다. 하지만 여기에는 상당히 많은 이견도 있음을 밝혀 둔다.

징조들 ⇒ 재림 ⇒ 휴거 ⇒ 7년 환난 ⇒ 아마겟돈 ⇒ 천년왕국 ⇒ 백보좌 심판 ⇒ 새 하늘 새 땅

04

부록

10가지 질문에 대한 신앙토크

(교문교회 "전교인 신앙토크" 내용)

· 하나님은 선악과를 왜 만드셨을까요?

· 성경은 왜 하나님 말씀인가요?

· 하나님은 왜 믿는 자의 죽음을 막지 않으실까요?

· 진화론을 기독교인으로서 어떻게 받아들여야 할까요?

· 구약 율법에서 고기의 피를 먹지 말라고 했는데 선지(피)를 먹어도 될까요?

· 가인은 쫓겨나면서 다른 사람들을 두려워합니다. 어떻게 다른 사람들이 갑자기 생겨났을까요?

· 권위에 순종하라는 말씀이 있는데 악한 권력에도 무조건 순종해야 하나요?

· 우울증이나 극단적인 삶의 환경에 처한 기독교인이 자살하면 천국에 갈 수 있나요?

· 안중근 등 독립투사 분들은 우리나라를 위해서 사람을 죽였습니다. 이런 살인을 하나님은 어떻게 보실까요?

· 평생 하나님을 신실하게 믿은 사람과 죽기 직전에 예수님을 영접한 사람은 천국에서 어떤 차이가 있을까요?

공동 9위. 하나님은 선악과를 왜 만드셨을까요? 하나님은 선악과 먹는 것을 왜 막지 않으셨죠? 왜 유혹하는 마귀를 그냥 두셨나요?

먼저는 선악과가 무엇인가에 대해서 생각해야 한다. 성경을 액면 그대로 받아들여서 선악과를 열매로만 생각해서는 안 된다. 천국은 먹는 것도, 마시는 것도 없다. 즉, 선악과는 상징적인 것이다. 선악과는 우리의 이해를 위해 하나님께서 상징적으로 주신 것이다. 또, 우리가 주의해야 할 점은 성경에 나오는 이야기는 옛날 이야기가 아니라는 것이다. 선악과는 에덴동산에서만 있었던 것이 아니라 지금 우리에게도 있는 것이다.

그렇다면 선악과는 무엇을 의미하는가? 우찌무라 간조는 선악과를 '하나님의 말씀'이라고 말한다. 하나님이 태초에 사람들에게 주신 하나님의 말씀, 법이라는 것이다.

성경에는 선악과를 선악을 알게 하는 나무라고 한다. 그러면 열매를 먹기 전에는 선과 악을 몰랐을까? 그렇지 않다. 그 전에는 선과 악을 하나님이 결정해 주셨고 그것을 믿었다는 것이다. 하나님이 선하다고 하시면 선하다고 믿고, 악하다고 하시면 악하다고 믿는 것이다.

그러나 선악과를 먹고 난 후에는 선과 악을 자기 방식으로 보게 되었다. 하나님이 선하다고 하셔도, 악하다고 하셔도 자기 생각으로 판단하게 된 것이다. 즉, 하나님의 말씀을 믿지 않게 된 것이다. 하나님이 주신 것이 법인데, 그 법을 어겨 죄를 짓게 된 것이다. 그래서 에덴동산에서 쫓겨나게 되었다. 그렇기에 중요한 것은 그 문제가 해결되면 구원을 받을 수 있다.

그렇다면 왜 구원은 믿음으로 받는 것인가? 믿음, 소망, 사랑 중에 사랑이 가장 중요하다고 하는데 왜 사랑으로 구원받지 못하는가? 믿음이라는 것은 선악과 이전으로 회복되는 것이기 때문이다.

믿음이란 하나님이 선하다는 것을 선하다고 믿고, 하나님이 악하다고 하는 것을 악하다고 믿는 것이다. 즉, 선악과의 문제는 말씀과 믿음의 문제이다. 선악과 이야기를 통하여 오늘 내 안에도 선악과가 있다는 것을 알게 될 수 있다. 하나님께 돌아가기 위해서는 선악과의 문제, 믿음의 문제가 꼭 해결되어야 한다.

*유사질문

1. 하나님은 선하시고 전능하신데 왜 악을 방치하실까요? 악으로 고통받는 사람들이 너무 많은 것 같습니다.

인생은 하나님께서 주신 기회 다시 말해 하나님께로 돌아갈 수 있는 기회다.

아담과 하와가 죄를 범함으로 쫓겨나서 사람은 이미 지옥 판결이 나게 되었다. 그러나 하나님이 바라보시기에 지옥으로 보내기가 너무 불쌍한 것이다. 그래서 그 시간을 늦춰주셨다. 인생은 지옥에 가기 전 잠깐 머물 기회인 것이다. 그 인생을 잘 살면 하나님께로 돌아가는 것이고 그렇지 않으면 지옥에 가게 되는 것이다.

인생은 무엇을 먹고, 마시고가 중요한 것이 아니다. 지옥가지 말라고 잠깐의 기회를 주신 것이다. 이 회개의 기회를 놓치면 지옥에 가게 되는 것이다. 그러나 인생의 기간은 기회인 동시에 시험의 시간이다. 시험과 유혹이 있는 것은 당연한 것이다.

지옥은 무엇인가? 지옥은 쓰레기장이다. 예루살렘에 있는 쓰레기장을 지옥이라 하였다. 그렇기에 하나님께로 돌아가지 못하는 사람들이 가는 곳이 지옥이다. 즉, 성경에서 말하는 지옥은 천국이 이루어졌을 때 들어가지 못하는 사람이 가는 곳이라고 할 수 있다. 천국이 이루어졌을 때, 새 하늘과 새 땅이 이루어지기 때문에 이 세상은 사라지고 없다. 그렇기에 지옥은 하나님이 계시지 않는 곳, 기쁨도 행복도 없고 슬픔만 가득한 곳이다.

지옥은 마귀들을 위해 만들어진 곳이며, 마귀들이 있는 곳이다. 마귀들 또한 지옥에 들어가기를 두려워하고 싫어한다. 지옥에 들어갈 시간을 늦추기 위해서 마귀들은 세상에 들어와 사람들을 볼모로 잡았다. 그렇게 사람들을 볼모로 잡고, 하나님께 나를 지옥에 보내려면 같이 보내라고 버티는 곳이 세상인 것이다. 그래서 세상을 마귀가 공중권세를 잡고 있는 것이며, 세상에 악이 존재하는 것은 너무나도 당연하다. 또, 선과 악을 알게 하는 열매를 먹었으니 선과 악이 있는 것이 당연하다.

어거스틴은 선의 결핍이 악이라고 하였다. 악이라 하는 것은 하나님이 계시지 않는 곳, 하나님으로부터 멀어진 곳에 틈타는 것이 악이다.

공동 9위. 성경은 왜 하나님의 말씀인가요? 결국 사람들이 쓰고, 사람들이 권위를 부여한 것이 아닌가요? (오늘날은 왜 더 이상 성경이 쓰여지지 않을까요?)

성경은 구약성경과 신약성경으로 나뉜다. 그런데 구약성경은 구약시대가 아니라 예수님 시대 쯤 해서 39권이 규정이 되고, 신약은 훨씬 뒤에 규정이 되었다. 많은 외경과 위경들이 있었지만 그 가운데 구약성경은 랍비들이 선정을 하고, 신약성경은 교부들이 선정을 하였다.

외에도 다른 경전들도 있지만 이 정도면 충분하다고 교회가 정해놓은 것이 오늘날 성경이다. 왜 이것으로 충분할까? 교회가 있기 때문이다.

오늘도 주일을 맞아 설교했다. 설교는 성경을 해석하는 것이다. 교회에서 목회자가 계속해서 하나님의 말씀을 해석해서 전해주기 때문에 굳이 더 다른 성경이 필요 없는 것이다. 하나님은 설교자들을 통해서 말씀하시면 되기 때문이다. 지금 있는 성경의 교리면 충분하다.

성경의 목적은 선악과를 토해내고 믿음을 회복해서 하나님께로 돌아가는 것이다. 성경에서 돈 버는 이야기를 찾으면 나올까? 돈 버는 방법은 경제학자 만나는 것이 낫다. 성경 안에서 윤리 도덕을 찾고, 역사를 찾고, 문화를 찾는 것은 큰 의미가 없다. 성경의 목적은 구원, 하나님의 약속의 관한 책이다. 그 목적에 구약39권, 신약27권으로 충분하다. 그리고 하나님은 끊임없이 목회자들을 통해서 이야기하신다. 왜 지금은 성경이 안 쓰여 지는가? 계속 설교가 이어지고 있기 때문이다. 구원받기에 지금 성경으로도 충분하다.

*유사질문

1. 성경에 나오는 이스라엘 역사가 우리에게 왜 중요한가요?

구원사를 보여주기 때문이다. 이스라엘 역사만 봐도 하나님이 구원을 어떻게 약속하시고 이루어 가시는지 충분히 나오기 때문이다.

2. 성경 외에 다른 지혜서(타종교)들은 무익한 것인가요?

다 유익이 된다. 어거스틴은 플라톤주의 사상을 황금과 같은 사상이라고 이야기했다. 주변의 학문에 충분한 도움을 받는 것은 좋은 것이다. 그러나 구원받는 길은 성경뿐이다. 성경의 목적은 우리의 구원에 있다. 구원의 문제만큼은 성경을 통해 찾으라는 것이다.

공동 7위. 하나님은 왜 믿는 자의 죽음을 막지 않으실까요? 예를 들어 스데반의 순교처럼 물론 그로 인해 복음이 예루살렘을 넘게 되었지만, 죽을 자가 죽는 것도 기뻐하시지 않는다(겔 18:32)는 말씀과 너무 대치됩니다.

죽음이란 무엇인가. 죽음은 하나님이 주시는 인생이라는 기회가 끝난 것이다. 기회가 끝났다는 것은 천국 가든지 지옥 가든지 결정된다는 뜻이다. 그러면 의인의 죽음은 하나님이 왜 내버려 두실까? 천국 가는 게 더 좋기 때문이다. 스데반이 돌을 맞아 죽는 순간 억울하고 슬펐을까? 그렇지 않다. 하늘 문이 열리고 주님이 서 계신 것을 보았다. 죽음의 의미를 아는 사람들에게 죽음은 하나도 나쁜 것이 아니다. 오히려 그것은 내 인생이 완성됐으며 내게 주어진 기회를 확실하게 붙잡았다는 뜻이다. 죽음은 마치 출산과도 같은 것이다. 어머니 뱃속에서 아이가 10달을 지나 출산하게 되듯이 인생이라는 기회를 잘 살면 출산해서 새로운 존재로 하나님께로 가는 것이다. 천국에 못 오는 자들이나 죽는 것이 슬프고 문제일 뿐이다.

*유사질문

1. 모든 고난에는 다 이유가 있는 걸까요?

하나님은 우리와 함께하시면서 우리를 버려두지 않으신다고 말씀하셨다. 그런 우리의 삶에 왜 고난이 있을까? 고난이 있는 가장 직접적인 이유는 마귀가 있기 때문이고, 인생이 천국이 아니기 때문이다. 더군다나 이 땅에서 믿는 자로 산다는 것은 원수 마귀의 타깃이 되는 것이니 고난이 있는 게 당연하다. 내 삶의 모든 고난까지도 하나님이 내게 주신 기회이다. 그것을 잘 풀어가는 사람을 향해서 시편에서는 '고난 당한 것이 내게 유익이라'고 고백한다. 고난의 의미는 다른 데서 찾는 게 아니라 자기가 부여해야 하는 것이다. 내게 주어진 고난의 날이 있었기 때문에 오늘의 내가 있는 것이다. 내 삶의 고난이 나를 단련하고 인도한다. 인생의 의미를 제대로 가지고 있는 사람에게는 고난조차 선생이고 스승이라고 할 수 있다.

공동 7위. 진화론을 기독교인으로서 어떻게 받아들여야 할까요?

과학은 물질의 세계를 논하는 것이다. 과학의 가장 기초적인 분야는 자연과학인데, 그것은 세상을 보는 눈이다. 과학을 하는 첫 번째 자세는 관찰이다. 뉴턴이 사과를 관찰하여 땅에서 끌어당기는 힘이 있다는 것을 발견하고 만유인력의 법칙을 만들었다. 이렇듯 과학은 관찰을 하고 가설이나 이론을 먼저 세운다. 이때 세워진 이론을 가지고 실험을 한다. 그리고 실험을 해서 그 현상이 재현이 되어야 한다. 검증이 되어야 학문이 될 수 있다. 그렇지 않으면 이론에 불과하다. 진화론은 진화학이 아니다. 실험도 안 되고 재현도 안 되기 때문이다. 가설과 이론을 세웠을 뿐이다. 과학적 증명이 안 되는 것이다.

과학은 결국 물질의 세계를 논하는 것이지 다른 것으로 이것을 설명할 수가 없다. 예를 들어 미켈란젤로의 천지창조를 과학적으로 분석하여 설명할 수 없다. 세계가 다르기 때문이다. 예술의 세계는 과학적으로 설명이 안 되는 것이다. 성악은 또 어떠한가? 성악을 과학적으로 분석한다면 그것은 성악에 대한 모독이지 옳은 설명이나 접근이 아니다. 하물며 영적인 세계는 더더욱 과학적으로 검증이 안 된다. 예술의 세계도 검증이 안 되는데 과학으로 어떻게 영적인 세계를 설명하겠는가. 영적인 세계는 과학의 대상이 아니다.

그런데 과학과 영적인 세계를 연결시키려는 접근이 있다. 창조과학회다. 창조를 과학적으로 연구한다는 것이다. 그러나 이것은 불가능한 일이다. 그러나 창조과학회가 이룬 업적은 있다. 진화론이 얼마나 허점이 많은지 과학적으로 밝혀낸 점이다. 그러나 창조과학회 역시도 창조를 과학으로 설명하는 건 안 되는 일이다. 신앙을 어떻게 법칙으로 이야기하겠는가. 하나님의 은혜를 어떻게 법칙으로 설명하겠는가. 그것은 검증이 불가능한 세계를 논하는 것이므로 안 되는 일이다. 영적인 세계와 과학의 세계는 전혀 다른 세계인 것이다.

*유사질문

1. 우리는 하나님의 형상대로 만들어졌는데 왜 불완전한 존재인가요?

인생은 선악과를 먹고 쫓겨난 불완전한 존재에게 주어진 기회이기 때문이다.

2. 현대과학은 지구의 나이를 약 46억년으로 추정하고, 창조과학회는 6천년으로 보는데 어떤 것이 성경적인가요?

6천년은 성경에 나오는 나이를 계산하여 나온 숫자이다. 그렇다면 성경을 보자. 창세기 1장 3~5절에 기록된 창조 사건에 첫째 날이라는 말이 나온다. 여기서 첫째 날이란 무엇인가? 지구에서의 첫째 날은 해가 떴다가 지고 그다음 날이 되는 것, 이것이 하루이다. 그런데 창세기 1장 14~19절을 보면 해는 넷째 날에 만드셨다. 그러면 첫째 날은 무엇인가? 그날은 오늘 지구상의 날이 아니라는 것이다. 그래서 베드로는 주께는 하루가 천 년 같고 천 년이 하루 같다고 한 것이다(벧후 3:8). 46억년이냐 6천년이냐 묻는 질문은 성경 안에서는 의미가 없다.

3. 진화론도 결국은 하나님께서 주관하시는 법칙으로 볼 수 있지 않을까요?

약 백여 년 전에 떼이야르 드 샤르댕이라는 프랑스 신부가 있었다. 아주 유명한 카톨릭 신부이자 신학자, 고생물학자이다. 샤르댕은 진화론과 창조론의 문제를 논하면서 '오메가 포인트'라는 말을 한다. 성경을 보면 예수님이 '나는 알파와 오메가요'라고 말씀하셨다. 헬라어 알파벳 중 맨 처음이 알파요, 맨 마지막이 오메가다. 이 말은 즉 처음과 끝이라는 이야기다. 그래서 샤르댕은, 하나님은 이 세상을 창조(알파)하셔서 오메가 포인트(새 하늘과 새 땅, 예수 그리스도의 재림)를 향해 나아가고 있다고 말했다. 창조는 완성된 것이 아니라 진행 중이라는 말인 것이다. 하나님이 지금 이 세상을 만드셨고 마침내 마귀는 지옥에 보내시고 새 하늘과 새 땅, 비로소 영원한 나라가 이루어진다는 것이 우리의 비전이다. 그리고 그 비전이 이루어지는 세계가 바로 샤르댕이 말하는 오메가 포인트이다. 샤르댕은 지금 이 오메가 포인트로 나아가는 진행 중이기 때문에 여러 가지 일들이 일어날 수 있는 것이라고 본 것이다.

그러면 학생들은 학교에서 선생님들이 진화론에 대해 문제를 낼 때, 답을 어떻게 써야 할까? 학교에서 물어보는 것은 믿음의 문제가 아니라 지식의 문제다. 학교에서는 믿느냐를 묻는 것이 아니라 아느냐 모르느냐를 묻는다는 것이다. 진화론은 신앙 고백의 문제가 아니다. 앎의 문제다.

신앙을 과학적으로 검증하려고 하니까 문제다. 과학적으로 검증이 안 되면 진리가 아니라는 것은 틀린 이야기다. 과학으로 검증이 되어야만 진실이라는 것은 물질세계에 한한 이야기다. 예술의 세계가 과학적 분석으로 설명이 안 되는 것처럼 영적인 세계도 그러한 것이다. 현대사회가 과학적인 것만이 진리라고 말하는 풍조가 있어서 그런데, 그것은 어리석은 이야기다. 물질의 세계가 전부가 아니다.

6위. 창 9:4에서 고기의 피를 같이 먹지 말라고 했는데 피가 들어있는 순대나 선지는 먹어도 될까요?(우리는 율법을 어기고 있는 걸까요?)

성경에는 제사 지낼 때 절대로 먹어서는 안 되는 세 가지가 나온다. 피와 기름과 콩팥이다. 피는 땅에 쏟고, 기름과 콩팥은 불로 태우라고 했다. 피는 생명을, 기름은 힘을, 콩팥은 마음(중심)을 상징한다. 옛날 이스라엘 사람들은 콩팥이 오장육부 중에 가장 깊은 곳에 있다고 생각했다. 그래서 틀림없이 콩팥에 마음이 들어있을 것이라 여겼다. 네 마음을 다하고 힘을 다하고 목숨을 다하여 네 주 하나님 여호와를 사랑하라고 했기 때문에 생명과 힘과 마음을 상징하는 피, 기름, 콩팥을 먹어서는 안 되었던 것이다.

사실 성경에 따르면 피뿐만이 아니라 돼지고기, 오징어도 먹어서는 안 된다. 그런데 왜 하나님이 돼지고기를 먹지 말라고 하셨을까를 생각해봐야 한다. 율법, 곧 먹어라, 먹지 말라, 하는 성경 말씀은 다 모세 때 나온 이야기다. 모세 때는 이스라엘 백성들이 시내산에 있었을 때이다. 광야를 다닐 때였다는 것이다. 광야에서 40년을 지내며 이스라엘 백성들은 짐승을 끌고 다녔다. 그들이 유목민 출신이기 때문이다. 그렇게 끌고 다닌 짐승들 중에서 하나님께 제사를 드렸던 것이다. 그런데 만약 하나님이 돼지고기로 제사를 지내라고 하셨다면 돼지 떼를 끌고 다녔어야 했다. 그것은 불가능한 일이다. 돼지는 유목민이 기를 수 있는 가축이 아니기 때문이다. 또한 만약 오징어로 제사를 지내라고 하셨다면 광야에는 바다도 없는데 어디서 오징어를 구할 것인가. 이것도 불가능한 일이다. 그래서 그런 것들을 말씀하지 않으셨던 것이다. 그러므로 이스라엘 백성들의 형편을 아시는 하나님께서 그들의 형편에 맞게 율법을 주신 것이라고 이해하면 되겠다. 디모데전서 4장 3~5절에서 음식물은 하나님께서 지으신 바니 감사함으로 받으라고 하였다. 못 먹는 음식은 없다. 우리는 더 이상 광야에서 사는 사람들이 아니기 때문에 율법의 음식 규례가 그대로 적용되지 않는다.

*유사질문

1. "예수님의 이름으로 기도합니다"를 못하고 기도가 끝났는데, 이 기도는 하늘에 올라가지 못할까요?

거꾸로 생각해보자. 예수님의 이름으로 기도한다고 하면 무엇이든지 다 받으실까? 그렇지 않다. 예수님의 이름으로 기도하라는 말은 예수님의 이름에 합당한 기도를 하라는 뜻이다. 내 멋대로 기도하고 끝에 가서 예수님의 이름을 붙이느냐가 문제가 아니라, 기도의 처음부터 끝까지 전체가 예수님의 이름에 합당한 기도여야 받으신다.

2. 교회에서 여자는 무조건 잠잠해야 하나요?

이것은 그리스, 로마, 유대 시대 때 문화적 전통에 따른 말이며 교회의 혼란을 줄이기 위해 한 말이다. 실제로 그때도 그것은 그렇게 지켜지지 않았다. 예수님 곁에 다가와서 이야기하던 여인들도 많았고, 전도 사역에 큰 도움을 준 여인들도 많았다. 저것은 교회에 혼란이 왔을 때 너무 답답하니까 바울이 이야기한 것이다.

3. 문신을 해도 될까요? 눈썹 문신은 예외가 될까요?

그 당시 문신은 멋으로 하는 문신이 아니라 낙인이었다. 우상숭배의 의미거나 누구의 노예라는 표식이었던 것이다. 그 당시의 노예의 삶을 살 때 유효했던 말이지 하나님은 문신했다고 지옥 보내는 분이 아니다. 문신했다고 다 천국 못가는 건

아닌 것이다. 이 몸은 다 버리고 천국 가는 것이기 때문이다.

4. 모기 같은 해충이나 해로운 동물도 하나님의 창조물인데 죽여도 괜찮나요?

현대사회 속에서 죽이지 않고 얻을 수 있는 것은 없다. 우리 입으로 들어오는 것 중에 물과 소금 빼고는 다 생명이다. 식물이든 동물이든 다 생명이 있는 것이기 때문이다. 그래서 천국에는 먹는 게 없다는 이야기가 나오는 것이다.

5. 하나님이 주신 가족들에게 전도를 하지 않으면 죄가 될까요?

이것은 죄의 문제로 다가가지 말고 사명의 문제로 다가가야 한다. 하나님이 내게 붙여주신 가족, 그가 지옥가는 것을 어떻게 지켜볼 수 있나 생각해보라.

5위. 창 4:13~14에서 가인은 쫓겨나면서 다른 사람들이 자신을 죽일까 두려워합니다. 어떻게 다른 사람들이 갑자기 생겨났을까요?

아담과 하와 사이에서 가인과 아벨이 태어났다. 그런데 가인이 아벨을 죽였다. 그렇다면 아담과 하와와 가인만 남았다. 그런데 가인이 가서 결혼을 했다. 누구와 결혼을 했는가? 또 가인이 만나는 사람들이 나를 죽일까봐 두려워한다. 가인이 만날 사람은 아담과 하와밖에 없는데 왜 두려워하는가? 이 질문은 성경 안에 답이 있다. 아담은 930세까지 살았다. 그러면 애를 몇이나 낳았을까? 그때 사람들의 연수가 길었던 이유는 그 시대가 애를 많이 낳아야 했던 시대였기 때문이다. 생육하고 번성하여야 했기 때문이다. 그러므로 성경에 대표적인 사람들이 기록이 되었을 뿐이지 성경에 기록되지 않은 수많은 자식들이 있었을 것으로 이해해야 한다.

*유사질문

1. 창세기 1장과 2장에서 창조 이야기의 정보가 다른 이유는 무엇인가요?

창세기 1장은 첫째 날, 둘째 날, 이렇게 창조 이야기가 나오는데, 2장은 하나님이 남자와 여자를 만드셨다고 이야기가 다르게 나온다. 성경이 맨 처음에 기록이 된 것은 모세 때다. 모세는 첫 번째 사람이 아니었다. 그저 성경 기록이 모세 때부터 된 것이다. 이것을 역사적으로 보면 모세부터는 역사시대고, 모세 이전은 글자가 없었던 선사시대라고 할 수 있다. 그러므로 모세 이전의 이야기는 선조들에 의해 구전되었다는 것이다. 그렇게 모세에게 두 가지 버전의 이야기가 전해져 내려왔고, 모세는 그 두 가지를 모두 적었던 것이다. 이 문제는 성경이 어떻게 전달이 되었는지를 생각해보면 충분히 이해할 수 있다. 버전은 조금씩 다를 수 있지만 본질적인 의미는 같다. 그래서 설교가 필요하다. 목사가 성경을 해석해야 하는 이유가 바로 이것이다.

공동 3위. 권위에 순종하라는 말씀이 있는데 무조건 순종해야 하나요? 악한 권력자들에게 저항하는 일은 성경적이지 않나요? 기도만 해야 하나요?

성도에게는 여러 가지 신분이 있다. 먼저는 천국의 시민권을 가진 하나님의 자녀이다. 그리고 대한민국 국민이다. 거기에 따르는 의무도 있다. 중년 남성이라면 아이들에게는 아버지이고, 아내에게는 남편이며, 부모님에게는 자식이다. 이런 일들이 전부 한 사람에게 규정되는 역할이다. 이 중에 한 가지만 생각하면 안 된다. 우리는 다 잘 해야 한다. 하나님의 시민으로서도 잘 해야 하지만, 대한민국 국민으로서도 떳떳한 시민이 되어야 한다. 아버지로서 남편으로서의 역할도 소중히 여겨야 한다.

위 질문은 하나님의 시민으로서가 아니라 대한민국 국민으로서의 이야기이다. 국민으로서 대통령을 내 마음대로 뽑을 수 있을까 없을까? 당연히 된다. 다른 사람이 나보고 이 사람을 투표하라고 강요 할 수 없다. 이것은 정치적인 문제이다. 여기에 신앙적인 문제가 결부될 필요는 없다.

그런데 사도바울은 왜 저런 말을 했을까? 당시는 로마 황제시대고, 민주화 이

전의 시대이다. 그 때는 정치적인 이야기만 잘못해도 죽을 수 있는 시대이다. 그러니 그런 문제를 가지고 와서 굳이 교회에서 싸우지 말라는 것이다.

그것보다 중요한 것이 예수님 오심을 예비하는 것이라고 이야기 하는 것이다. 무조건 교회는 모든 권위에 순종해야 하고, 누가 대통령이 되었든지 무조건 따라야 하는 것이 아니다. 민주화된 현대사회에서 정치적인 것을 교회로 끌어들이지 말라는 것이다. 우리교회는 보수적인 것도 개혁적인 것도 논하지 않는다. 정치와 상관없이 신앙생활 잘 하는 천국시민이 되시길 바란다. 세상의 권위에 대해서는 여러분이 스스로 정치적인 판단을 하라. 다만 신앙인으로서 폭력적인 일은 하지 말아야 한다. 뱀같이 지혜롭고 비둘기같이 순결해야 한다.

*유사질문

1. 부모님이 그리스도인답지 못할 때, 교회다니는 직장 상사나 동료가 그리스도인답지 못할 때 어떻게 대해야 할까요?

불쌍히 여기고 긍휼이 여겨야 한다. 신앙인 중에도 바리새인처럼 살고, 극단적으로 사는 사람도 있다. 좌우로 치우치지 말고 불쌍히 여겨야 한다.

공동 3위. 우울증이나 극단적인 삶의 환경에 처한 기독교인이 자살하면 천국에 갈 수 있나요?

자살하면 천국에 갈까? 지옥에 갈까? 지옥이라고 생각하는 이유는 자살이 살인이기 때문이다. 마지막 순간에 회개도 못하는 살인이다. 우리가 설령 사람을 죽였더라도 회개를 하면 주님은 받아주실 텐데, 자신을 죽이는 것은 회개할 시간이 없기 때문에 지옥에 간다고 한다.

그런데 그 죽음이 내 선택이 아니라면 어떨까? 극단적인 우울증, 혹은 극단적인 상황에 내몰린 사람은 자살한 걸까? 자살을 당한 걸까? 이 판단이 핵심이다. 자살을 스스로 한 것이라면 하나님도 안 받아주실 것이다. 그러나 도저히 견딜 수 없는 상황이나, 극단적인 정신적인 질환 때문에 혹은 삶의 문제가 너무나 심각해서 하는 이런 자살을 '사회적 타살'이라고 한다. 죽임을 당한 것이다.

그러니 우리도 함부로 "자살하면 지옥간다"라고 할 수 없는 것이다. 그의 절박한 상황을 모르기 때문이다. 그런 상황이라고 무조건 자살하면 된다는 것은 아니다. 결국 이 판단은 하나님만 아신다. 하나님은 결코 자살 했다, 안 했다만 보시는 분은 아니실 것이다. 죽음을 강요당한 자살이라면 하나님은 분명 거기에 대한 판단을 하실 것이다.

유사질문

1. 아프리카 오지에서 태어나서 바로 죽은 아이는 천국에 갈 수 있나요?

역시 하나님만 아시는 문제이다. 하나님은 흑백으로 판단하시는 분이 아니시다. 복음을 듣지 못한 자들은 양심으로 판단하신다고 하는데 아직 어린아이는 양심조차 생성되지 않았을 것이다. 심리학자들이 말하길 양심은 3~4살이 되어야 생성된다고 한다. 그럼 더 어린 아이는 무엇으로 판단하실까? 함부로 말 할 수는 없겠지만 하나님은 충분히 우리가 생각한 것 이상으로 너그럽게 생각해 주실 것이다.

2. 부자는 정말 천국에 들어가기가 어려운가요?

성경에 부자는 낙타가 바늘구멍에 들어가는 것보다 어렵다고 나온다. 왜냐하면 부자는 내려놓기가 힘들기 때문이다. 믿음을 갖고 하나님을 의지하기가 힘들다. 그래서 그런 이야기가 나온 거지 부자든 아니든 상관없다. 예수님만 믿으면 천국 간다.

부자는 예수님 믿기가 왜 어려울까? 다 그런 것은 아니겠지만 돈 모으면서 불법이나, 남의 눈에 눈물 나게 하는 사람들이 많다. 회개해야 하는데 회개하지 않으니 어려운 것이다. 예수님이 부자청년에게 따르라고 하실 때 재물이 많음으로 근심하며 갔다. 재물이 많으니까 예수님이 따라오라고 해도 못 갔다.

2위. 안중근 등 독립투사 분들은 우리나라를 위해서 사람을 죽였습니다. 이러한 살인을 하나님께서 어떻게 바라보실까요?

우리는 하나님의 자녀지만 동시에 대한민국 국민이다. 내가 목사인데 강도가 칼을 들고 집에 들어와 아내와 자녀들을 위협한다. 난 목사이니까 기도만 하고 있어야 하는가? 아니다. 강도가 들어왔으면 맞서 싸워야 한다. 정당방위다.

대한민국 국민이라면 대한민국을 침략하는 세력에 마땅히 맞서 싸워야 한다. 나라를 지켜야 한다. 나라를 지키는 것은 잘못이 아니다. 일본이 부당하게 쳐들어왔으니 안중근 의사가 독립을 위해서 일한 것이 문제가 아니다.

그런데 하나님께서 안중근 의사에게 잘했다고 하실까? 우리 민족에게는 영웅이지만 하나님이 보시기에는 슬픈 일이다. 일본과 우리가 싸운다는 것도 슬픈 일이고, 러시아와 우크라이나, 팔레스타인과 이스라엘이 싸우는 것도 하나님이 보시기에는 다 슬픈 일이다.

다만 우리나라 사람으로서 볼 때는 정당방위이다. 다만 안중근 의사도 예수님 믿어야 천국에 갈 수 있다. 회개하고 예수 믿어 천국 가는 것이지 다른 공로로 가는 것이 아니다. 우리 민족에게나 영웅이지 하나님께도 영웅인 것은 아니기 때문이다.

*유사질문

1. 다윗은 골리앗을 포함하여 많은 이방민족을 죽였는데 죄가 아닌가요?

이스라엘 민족적으로 보았을 때 그 나라를 향한 하나님의 뜻을 이루기 위해서 한 일이다. 민족적으로 보면 영웅이다. 구약의 이스라엘은 독특하게 이방세계를 정복하여 하나님 나라 의 확장을 모형으로 보여주었다. 오늘날의 윤리잣대를 적용시키면 안 될 것이다.

2. 이스라엘 백성들이 가나안 민족을 학살한 것은 오늘날 윤리관점으로는 맞

지 않는 것 같습니다. 어떻게 바라봐야 할까요?

성경은 영적인 개념으로 바라보라고 한다. 수 천년 전 시대적 상황이 있기 때문에 오늘날의 윤리적인 잣대를 적용시키면 안 된다.

예를 들어 다윗을 포함하여 고대사회에는 일부다처제가 많았다. 하나님은 아담에게 하와 한 명만 아내로 삼게 하셨다. 그런데 왜 일부다처제가 많았을까? 당시 남자가 적었기 때문이다. 남자들이 전쟁터 나가서 많이 죽었다. 유목민의 삶은 남자가 많이 죽었다. 그래서 남자는 적고, 여자는 많았다. 그래서 남아선호사상이 강했던 것이다. 제주도에도 여자가 많다고 하는데 뱃일 하는 남자들이 많이 죽었기 때문이다. 상황이 그런 것이다.

3. 하나님이 생각하시는 죄와 사람들이 생각하는 죄의 차이가 무엇일까요?

하나님은 말씀이 기준이다. 사람들이 죄라고 하는 것은 자기기준이다.

4. 성경이 말하는 비폭력과 오늘날 정당방위는 어떻게 바라봐야 할까요?

성경은 비폭력을 말하지 않는다. 예수님이 물론 오른뺨을 맞으면 왼뺨도 대라고 말씀하셨지만 비폭력은 아니다. 정당한 폭력은 있을 수 있다. 현실상황에 맞지 않는 극단적인 질문이다.

유명한 '디트리히 본회퍼' 목사님이 있다. 독일출신으로 미국에서 목회하다가 히틀러의 악행으로 독일로 돌아온다. 그리고 히틀러 암살단에 들어간다. 그리고 남긴 유명한 말 "미친 운전자에게서는 핸들을 뺏어야 한다".

어떤 미친 운전자가 버스를 운전하고 있는데 얌전한 말로 한들 되겠는가? 아무리 논리적이고 합리적인 이야기를 해도 소용없다. 그 순간에는 아무리 폭력이라고 비난을 받아도 그를 쫓아내고 운전대를 확보해야 한다. 히틀러라고 하는 악한 사람이 나라를 엉망으로 만들고 있는데 우리가 앉아서 말만 해서는 안 된다. 암살단에라도 참여해서 미친 운전자는 끌어내리고 운전대를 바로 잡아야 버스 안에

승객들이(나라와 세계가) 바로 갈 것이 아닌가?

상황 속에서 각 신분에 맞추어서 반응해야 한다. 이것을 위해서 공부도 많이 하고 기도도 많이 하고 실력과 능력이 있어야 한다.

1위. 평생 하나님을 신실하게 믿은 사람과 죽기 직전에 예수님을 영접한 사람은 천국에서 어떤 차이가 있을까요?

천국은 마태복음에만 나오는 단어이다. 천국은 하늘에 있어서 하늘나라가 아니라 하나님의 이름을 함부로 쓰면 안 되니까 하늘나라라고 한 것이다. 마태복음 외에는 다 '하나님의 나라'를 사용한다. 하나님의 나라는 하나님의 뜻이 이루어지는 나라이다. 성경적인 표현으로 '새 하늘과 새 땅'이다. 우리 입장에서는 아직 오지 않은 나라이지만 시간 밖에 계신 하나님께는 이미 이루어진 나라이다. 여기에서의 시간 개념과 천국에서의 시간개념은 다르다.

하나님은 아담에게 에덴동산을 다스리라고 명하셨다. 새 하늘과 새 땅에서 우리가 해야 할 일도 마찬가지이다. 하나님의 왕 같은 제사장(벧전2:9)이 되는 것. 예수님과 더불어 영원토록 왕 노릇(롬5:17) 하는 것이다.

천국에 가는 사람들은 하나님의 나라를 다스릴 사람들이다. 어마어마한 이야기다. 영원히 죽지 않는 새 몸을 가지고 영원한 나라를 왕 같이 통치하는 것이다. 우주보다 더 큰 상상할 수 없는 나라일 것이다. 인생을 어떻게 살았느냐에 따라 하나님이 그 나라를 나눠 주실 것이다.

그러니 부끄러운 구원을 받은 사람과 자신의 목숨 다 바쳐 순교한 사람은 하나님의 나라에서 같을 수 없다. 엄청난 차이가 있을 것이다. 죽기 직전에 예수 믿고 천국 가는 사람이 제일 복 될 것이라 말하기도 하는데 사실은 제일 미련한 것이다. 천국에 모여서 잔치나 벌이고 있는 것이 아니기 때문이다.

후회는 천국에 간 사람이 하는 것이다. 천국에 못 간 사람들은 슬피 울며 이를 갈 뿐이다. 그들은 후회하지도 못한다. 후회는 성령님이 감동을 주실 때 하는 것이다. 지옥에서도 후회하고 회개한다면 천국에 올 수도 있겠지만 그들은 회개의 기회가 없다.

천국을 실제로 본다면 살아생전 하늘에 심지 못한 것이 후회가 될 것이다. 천국에서 무슨 일을 하는지 지금은 정확히 알 수 없지만 분명한 것은 새 하늘과 새 땅을 다스리고, 영영토록 왕 노릇 하는 어마어마한 삶을 영원히 살게 될 것이다.

*유사질문

1. 마27:51~53에서 예수님이 죽으실 때, 무덤에서 나와서 거룩한 성에 들어간 사람들은 누구인가요?

마태복음에만 나오는 이야기이다. 예수님이 십자가에서 죽으셨을 때, 무덤이 열리고 많은 성도들이 살아났다는 이야기다. '크로스체크'라는 것이 있다. 여러 자료에서 검증을 받는 것이다. 이 구절은 마태복음에만 있기 때문에 크로스체크가 안 된다. 그래서 이대로 받아들이는 방법밖에 없다.

다만 생각해 볼 것은 예수님이 재림하실 때 이런 일들이 일어나게 될 것을 미리 보여주신 것이라 할 수 있다. 그 날에 대한 미리 보여주시는 예고편이라고 생각할 수 있다.